LES
PÂTES

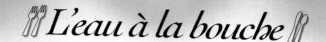

LES
PÂTES

DES PLUS CLASSIQUES
AUX PLUS ORIGINALES
GIULIANO HAZAN

Flammarion ltée

Titre original de cet ouvrage :
THE CLASSIC PASTA COOKBOOK

Traduction-adaptation : Jean-Baptiste Médina

Photographies : Amanda Heywood et Clive Streeter
à l'exception des pages : 2 à 6, Steve Gorton
et des pages 7 et 8, Steven Begleiter

Photocomposition : PFC, Dole

Imprimé en Italie

ISBN 2-89077-137-7

Dépôt légal : 4ᵉ trimestre 1995

Données de catalogage avant publication (Canada)

Hazan, Giuliano

Les pâtes

(L'eau à la bouche),
Comprend un index.
Traduction de : The classic pasta cookbook.

ISBN 2-89077-137-7

1. Cuisine (Pâtes alimentaires). 2. Cuisine italienne.
I. Titre. II. Collection.

TX809.M17H3914 1995 641.8'22 C95-940953-X

SOMMAIRE

PRÉFACE

Une mère n'a pas tous les jours le – difficile – privilège de présenter son cuisinier de fils à ses futurs lecteurs. C'est que l'entreprise est périlleuse, si l'on veut éviter de parler de lui plus que de cette passion qui l'a conduit à rédiger un ouvrage... Et pour une maman italienne, c'est bien connu, l'exercice est encore plus ardu !

Pourtant, le sujet même de ce livre mérite que je vous raconte deux ou trois petites choses concernant Giuliano. Car ses qualités de cuisinier – et plus précisément de maître ès pâtes, si l'on me permet l'expression – trouvent leur origine dans son enfance et dans ce que je nommerais volontiers la tradition culinaire des Hazan. Giuliano avait à peine trois ans quand il découvrit les pâtes : des tortelloni amoureusement préparés par sa grand-mère, farcis de blettes et de ricotta. Un grand classique familial ! Ravi qu'on le traite comme un grand, il se précipita sur son assiettée et l'engloutit avec une voracité qui n'avait d'égal que le plaisir qu'il semblait prendre à les goûter. De fait, sitôt après cette expérience, Giuliano s'affirma comme un fervent amateur de la *pasta*, un adepte inconditionnel des fusilli, tagliatelle, lasagne et autres linguine.

Mais, pour le jeune gourmet qui se dessinait peu à peu, il devint rapidement évident que la seule dégustation – fût-elle celle des recettes de sa mère ou de sa grand-mère – était insuffisante. Le petit garçon qu'il était encore fit donc de la cuisine son terrain de jeu favori, hachant soigneusement les oignons, remuant inlassablement les sauces, surveillant d'un œil impitoyable la cuisson. Quand il n'exigeait pas de choisir en spécialiste la casserole idéale ou le plat à gratin parfait ! Bref, un cuisinier était né...

Ces anecdotes n'ont d'autre objet que de bien faire comprendre tous les raffinements de cette gastronomie qui a fait beaucoup pour le prestige de l'Italie. Et le lecteur comprendra ce qu'il y a de précieux dans un tel ouvrage, fruit de nombreuses années d'expérience et d'expérimentations multiples, de tests toujours recommencés pour parvenir à la perfection du plat. Les recettes proposées dans ce florilège bénéficient donc des améliorations successives qui leur ont été apportées, et qui prennent en compte, aussi, les contraintes de la vie actuelle. Ici, tout est simple, clair, rapide autant que beau. Accessible au néophyte comme à l'amateur confirmé.

Savant mélange d'ingrédients judicieusement dosés, délicate alliance d'herbes venant relever une sauce sans en masquer les arômes, choix précis de la variété s'harmonisant avec tel ou tel assaisonnement... Vous maîtriserez vite les secrets de cette cuisine incomparable, qui repose avant tout sur les principes simples d'équilibre et de précision. Pour le plus grand plaisir des gourmets qui auront la chance de savourer vos merveilles !

AVANT-PROPOS

Il est à mes yeux peu de préparations culinaires qui puissent rivaliser en saveur avec un bon plat de pâtes. Et je ne dis pas cela parce que je suis italien ! Même s'il est vrai que bon nombre de mes compatriotes auraient peine à survivre sans elles... Saviez-vous que, sitôt qu'ils furent parvenus en Amérique, à la fin du XIXᵉ siècle, les immigrants de la péninsule n'eurent de cesse que la terre natale leur expédiât leurs chères pâtes ? En 1913, les États-Unis en importaient ainsi quelque 700 000 tonnes... Ce qui constitue un joli score, ma foi !

Les érudits de la gastronomie ont longtemps débattu la question de l'origine des pâtes. Mystère historique s'il en est... On en attribue en général la découverte à Marco Polo, qui les aurait rapportées de son séjour en Chine, en 1295. Mais certains affirment que l'Italie les connaissait – et les cuisinait – déjà bien avant la naissance de l'illustre voyageur. Les Siciliens, quant à eux, prétendent en être les inventeurs, avançant pour preuve ultime de leur propos la présence du mot *macarruni* dans leurs textes les plus anciens.

Qu'à cela ne tienne ! La très distinguée femme de lettres napolitaine Matilde Serao, qui connut son heure de gloire à la fin du XIXᵉ siècle, avance une troisième hypothèse, autrement plus poétique, à défaut d'être la plus crédible : il s'agit d'une charmante fable situant dans la capitale de la Campanie le lieu de l'apparition du divin mets.

En 1220, nous dit la légende, vivait à Naples un magicien nommé Chico. Ce réputé savant, tout à son art voué, émergeait rarement de son grenier, si ce n'est pour se rendre, à l'occasion, au marché local, où il faisait provision d'herbes et de tomates. (Se procurer des tomates relevait à coup sûr de la magie, car le reste de l'Europe dut attendre quatre siècles et la découverte de l'Amérique pour y goûter...) Donc, notre homme passait ses journées devant un chaudron frémissant et ses nuits plongé dans de vieux grimoires poussiéreux dont il espérait extraire quelque alchimique secret. La patience étant toujours récompensée, le vieux magicien atteignit, après bien des années, le but tant convoité : il avait inventé « quelque chose » qui allait indiscutablement contribuer au bonheur de l'humanité.

Or, pendant tout ce temps, une certaine Jovanella, dont le mari était employé aux cuisines du palais royal, avait, en femme avisée, épié de son balcon les moindres faits et gestes du naïf Chico, dont la lucarne demeurait ouverte en permanence. Découvrant le secret du magicien, et se gardant bien d'en révéler quoi que ce soit à quiconque, elle fit appeler son époux : « Préviens le cuisinier du roi, lui dit-elle, que j'ai mis au point un mets nouveau, un mets si savoureux qu'il mérite d'être goûté par Sa Majesté. » Docile, et sans doute alléché par une promotion certaine, le mari passa le mot au maître cuisinier, qui transmit au chambellan, qui parla au comte X, qui s'en ouvrit – après mûre réflexion, tout de même – au souverain. Lequel, lassé depuis belle lurette des plats qu'on lui servait, fut ravi de goûter le délice promis. Jovanella fut donc admise dans les cuisines du palais, où elle entreprit de préparer la recette du magicien.

Mélangeant savamment eau, farine et œufs, elle obtint une pâte homogène qu'il lui fallut étaler soigneusement jusqu'à ce qu'elle devienne aussi fine que du parchemin. Elle la découpa ensuite en fines lanières, forma des anneaux et fit sécher le tout au soleil. Puis vint l'heure de la sauce : Jovanella fit mijoter des oignons, de la viande hachée et des tomates à petit

feu, rectifiant délicatement l'assaisonnement de temps à autre. Au moment de servir, elle plongea les pâtes dans l'eau bouillante, les égoutta, les nappa de sauce et parsema l'ensemble du désormais célèbre « fromage de Parme » – le parmesan. On soumit le plat au roi, qui s'en délecta. Très impressionné, il interrogea la jeune femme, curieux de la façon dont elle était parvenue à inventer une telle merveille. L'astucieuse plagiaire répondit qu'un ange lui avait soufflé, en rêve, l'exquise recette. Sa Majesté la récompensa généreusement de son irremplaçable contribution au bonheur de ses semblables, et l'on en resta là.

A cela près que, par un beau jour d'été, l'éminent Chico reconnut, émanant d'une maison voisine, les subtils effluves de sa création. Incrédule, il alla demander ce que l'on préparait. On lui expliqua qu'il s'agissait d'un plat inédit et succulent, dont un ange avait révélé le secret à une jeune femme durant son sommeil. Le cœur brisé, le pauvre magicien quitta la ville : on ne le revit jamais.

Trêve de légende. Quelle que soit l'origine réelle des pâtes, les Italiens en consomment depuis des siècles. Et si la variété des formes est aujourd'hui infinie, les ingrédients de base demeurent les mêmes. En fait, il existe deux grandes catégories de pâtes, dont il est important de connaître les caractéristiques : les pâtes dites « classiques » ou « ordinaires » et les pâtes aux œufs.

Dans la composition des premières entre une semoule de blé dur, riche en gluten et pauvre en amidon, qu'on appelle *semolina* en italien. Ces pâtes sont les plus courantes en France. Translucides et ambrées, elles se prêtent à de multiples variations de forme – spaghetti, macaroni, tagliatelle et autres –, mais n'ont pas toutes la même saveur : le goût varie en effet avec le format. Ces pâtes se marient admirablement avec les sauces épicées ou à base d'huile d'olive. Paradoxalement, elles sont meilleures fabriquées industriellement, leur pétrissage nécessitant l'utilisation de machines très puissantes. De plus, le séchage doit impérativement se faire à température et humidité constantes, ce qui n'est guère possible que dans des entrepôts réservés à cet usage, et où un contrôle permanent est effectué. Il s'agit d'éviter que les pâtes ne se brisent, plus tard, à la cuisson.

Les secondes sont à base de semoule de blé tendre, pauvre en gluten et riche en amidon, et d'œufs. On les trouve souvent, dans le commerce, sous le terme inapproprié de « pâtes fraîches ». La recette peut varier légèrement, selon qu'on y ajoute – en Toscane, par exemple – de l'huile d'olive ou du sel, quand ce n'est pas de la tomate ou des épinards. Plus « absorbantes » que les pâtes ordinaires, elles se prêtent tout particulièrement aux sauces au beurre ou à la crème, ou encore aux assaisonnements délicats et peu relevés. Attention, à ce propos, à l'huile d'olive, qui les ramollit et les rend caoutchouteuses.

Notons en passant que les prétendues « pâtes fraîches » proposées dans les supermarchés ou chez certains traiteurs n'ont de frais que le nom. Généralement très – trop – épaisses, elles contiennent de la semoule de blé dur, ce qui nuit considérablement à leur finesse, et sont réfrigérées afin de « mériter » leur appellation. Or le froid est le pire ennemi des pâtes. Il est d'ailleurs recommandé d'éviter les surfaces, les ustensiles et les ingrédients froids lorsqu'on les fabrique soi-même, le meilleur moyen de les conserver étant de les faire sécher et de les entreposer à température ambiante. De toute façon, et quoi qu'on vous en dise, l'état de « fraîcheur » des pâtes n'a guère d'importance. Il n'y a pas de différence notable entre des pâtes utilisées alors qu'elles sont encore humides et d'autres, complètement sèches, goûtées plusieurs semaines après leur fabrication. Toutefois, si vous n'avez pas la possibilité de les faire vous-même et que vous deviez vous résoudre à acheter des pâtes aux œufs dans le commerce, préférez les tagliatelle en forme de nid, qui supportent le mieux le conditionnement.

Il reste que le plus difficile, c'est tout de même le mariage des pâtes et des sauces ! L'association parfaite des saveurs et des textures réclame quelque expérience : tel assaisonnement donne en effet des résultats fabuleux ou d'une effrayante médiocrité selon qu'on l'utilise avec tel ou tel type de pâtes. Voilà pourquoi, notamment, ce livre existe ! Fiez-vous au choix qui vous est proposé pour chaque recette, vous m'en direz des nouvelles. Votre goût se formera et s'affinera peu à peu ; libre à vous, ensuite, d'innover. Et n'oubliez pas, à l'occasion, de me soumettre vos trouvailles…

Buon appetito !

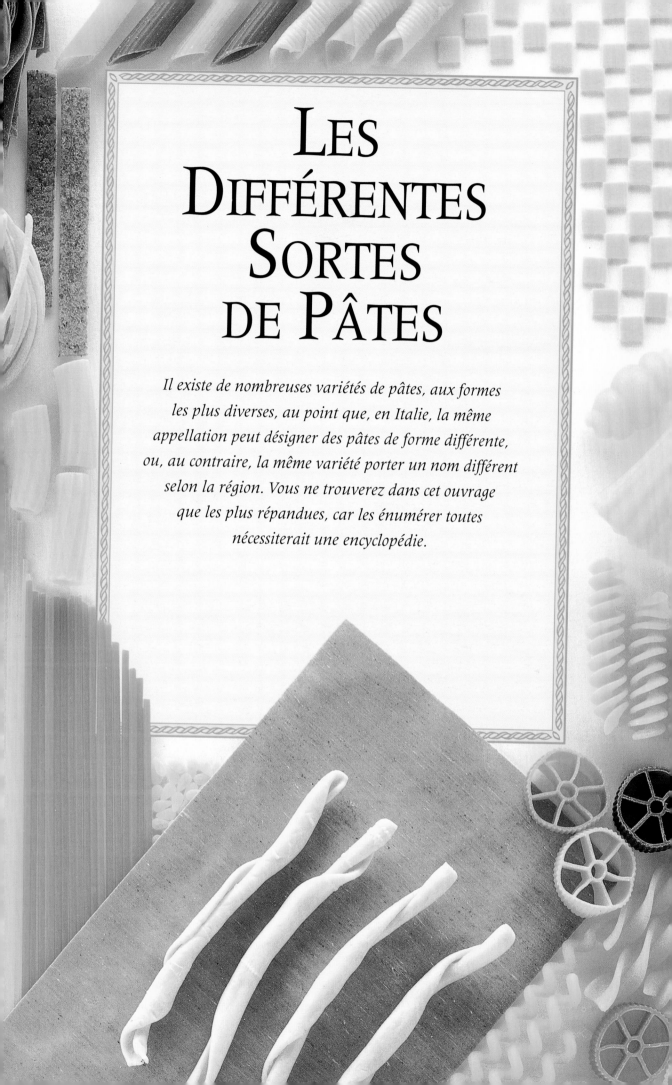

LES DIFFÉRENTES SORTES DE PÂTES

Il existe de nombreuses variétés de pâtes, aux formes les plus diverses, au point que, en Italie, la même appellation peut désigner des pâtes de forme différente, ou, au contraire, la même variété porter un nom différent selon la région. Vous ne trouverez dans cet ouvrage que les plus répandues, car les énumérer toutes nécessiterait une encyclopédie.

PASTA LUNGA

Pâtes Longues

Toutes les pâtes peuvent être longues ou courtes. Les pâtes longues ici présentées sont des pâtes du commerce ordinaires, à la farine et à l'eau. A l'exception des fusilli, elles s'accommodent mieux de simples sauces à la tomate et à l'huile d'olive que de préparations à la viande ou aux légumes. Il suffit, pour s'en convaincre, de vérifier que les ingrédients de la sauce adhèrent bien aux pâtes quand on enroule celles-ci autour d'une fourchette.

SPAGHETTI

Ce sont certainement les pâtes les plus célèbres. Les spaghetti sont une grande invention. Leur texture permet qu'on les accommode des sauces les plus diverses.

Spaghetti à la farine complète, à la tomate et aux épinards

CAPELLI D'ANGELO

Les « cheveux d'ange » agrémentent généralement un bouillon ou un potage. S'ils sont maison, aux œufs, ils permettent également de préparer un délicieux dessert (voir page 148).

SPAGHETTINI

Le diminutif « ini » signifie « petit » : il s'agit donc de spaghetti fins. Grâce à leur forme délicate, ils se marient bien avec des sauces légèrement épicées.

Spaghetti ordinaires

QUELQUES SAUCES

Les spaghetti se marient parfaitement, entre autres, avec les fruits de mer. La sauce présentée page 78 est idéale, ainsi que celle aux crevettes (page 74) ou aux moules (page 81). Goûtez également les bucatini avec une des sauces tomate des pages 84-85.

Spaghettini alle erbe (page 72)

Spaghetti alla carbonara (page 66)

Fusilli lunghi alla rustica (page 76)

LINGUINE

Le mot « linguine » signifie « langues ». De forme plate et lisse, ces pâtes sont plus populaires à l'étranger qu'en Italie, où on ne les trouve que dans quelques régions du Sud.

Bucatini

BUCATINI

Également appelés « perciatelli », ces spaghetti creux, telles des pailles, sont délicieux avec les sauces que l'on prépare dans le centre de l'Italie. Les bucatoni sont une variante légèrement plus grosse.

Bucatoni

FUSILLI LUNGHI

Ces « longs ressorts » ressemblent à des cordons de téléphone. Ils sont excellents avec des sauces comportant des ingrédients coupés en gros morceaux, qui s'accrochent à leurs courbes.

FETTUCE

Rubans

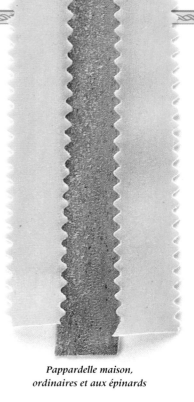

C'est la forme la plus populaire des pâtes aux œufs maison. Mieux vaut étaler la pâte au rouleau et la découper à la main, car on obtient ainsi une texture très délicate, qui absorbe bien les sauces à la crème ou au beurre. Lorsqu'on la prépare à la machine, le résultat est moins bon. Si vous achetez vos pâtes aux œufs dans le commerce, choisissez de préférence la version sèche : en effet, celles que l'on qualifie de « fraîches » sont, en général, d'assez mauvaise qualité et ne méritent pas qu'on leur mitonne une bonne sauce.

Pappardelle maison,
ordinaires et aux épinards

TAGLIATELLE

Bologne est le berceau des tagliatelle :
un étalon-tagliatelle en or est exposé
à la Chambre de commerce de la ville !
La tradition veut que l'on associe à cette
pâte la sauce bolognaise à la viande
hachée (voir page 62).

PAPPARDELLE

A Bologne, on les appelle également
larghissime, « très larges ». La bordure
de ces larges rubans est droite ou en
dents de scie.

Tagliatelle aux œufs
maison, droites
et en nid

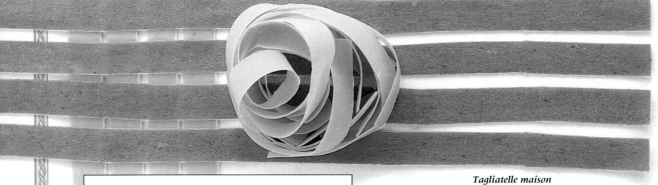

Tagliatelle maison
aux épinards

LARGEUR DES PÂTES « RUBANS »

Dimensions approximatives

Tonnarelli 1,5 mm

Tagliolini 2 mm

Fettuccine/trenette 5 mm

Tagliatelle 8 mm

Pappardelle 2 cm

PIZZOCCHERI

Composée d'œufs et d'un mélange de farine
ordinaire et de farine de sarrasin, cette pâte
est une spécialité de la région de Valtellina,
en Lombardie, près de la frontière suisse.

QUELQUES SAUCES

Pour varier, essayez
les fettuccine aux truffes
blanches, ou à l'orange
et à la menthe
(page 94), ou encore
au citron (page 96),
à moins que vous ne
préfériez les tonnarelli
au melon (page 106).

*Pappardelle coi fegatini
di pollo (page 102)*

*Fettuccine all'Alfredo
(page 64)*

*Tonnarelli al melone
(page 106)*

TONNARELLI

*Cette pâte, qui ressemble à un spaghetti
carré, est originaire des Abruzzes, où on
l'appelle « maccheroni alla chitarra ».
Cette appellation vient du fait que l'on
découpe une épaisse feuille de pâte, à
l'aide d'un rouleau à pâtisserie, en la
pressant sur les cordes tendues d'un
appareil qui ressemble à une guitare
(« chittarra » signifie guitare).*

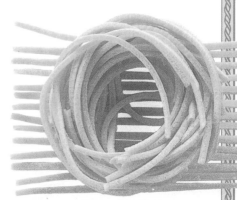

*Tonnarelli ordinaires,
droits et en nid*

*Fettuccine maison et fettuccine
sèches du commerce, en nid*

*Tagliolini
aux épinards*   *Tagliolini ordinaires en nid*

FETTUCCINE

*Également appelées trenette, ce sont
probablement les plus répandues des pâtes
rubans. Plus étroites que les tagliatelle,
elles s'accommodent mieux de sauces
légères, à la crème fraîche.*

TAGLIOLINI

*Ce sont des pâtes rubans parmi les plus
étroites. On les accompagne parfois d'une
sauce, mais en général on les utilise pour
garnir un bouillon.*

PAGLIA E FIENO

*Des fettuccine vertes (aux épinards)
et jaunes (aux œufs), cuites et servies
ensemble, forment ce mélange appelé
paglia e fieno (« paille et foin »).*

TUBI

Tubes

Les pâtes tubulaires sont savoureuses et se prêtent à de multiples préparations culinaires. Elles s'accommodent avec des sauces composées de divers ingrédients en petits morceaux, notamment les plus grosses. Elles figurent parmi les rares pâtes à la farine et à l'eau que l'on puisse agrémenter de crème fraîche. Elles existent en toutes sortes de dimensions, et certaines, comme les gigantoni (page 21), sont si larges qu'elles ne se prêtent pas aux préparations en sauce et qu'il faut les cuire au four.

PENNE

Ce sont probablement les pâtes tubulaires les plus utilisées. Leur nom, qui signifie « plumes », fait référence à leurs extrémités pointues, taillées en bec de plume. Elles peuvent être lisses (lisce) ou cannelées (rigate), et de dimensions variées. Les penne zitti sont un peu plus grosses que les penne ordinaires. Les pennoni (« grosses » penne) sont les plus grandes et les moins répandues.

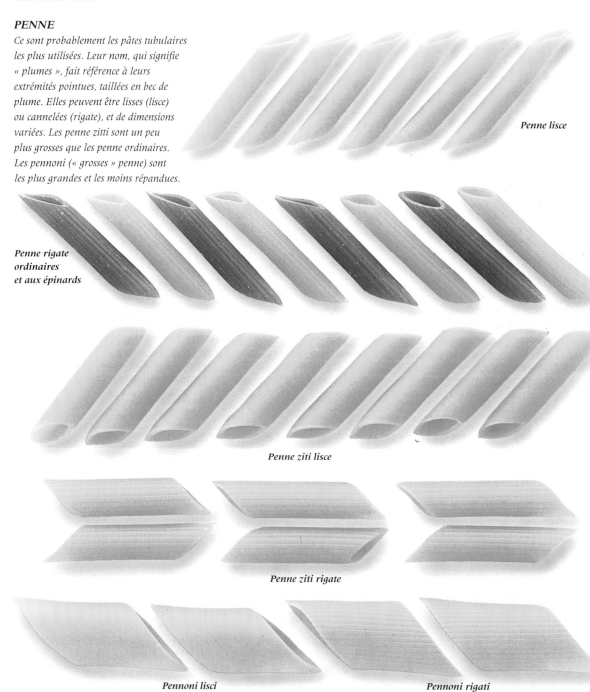

Penne lisce

Penne rigate ordinaires et aux épinards

Penne ziti lisce

Penne ziti rigate

Pennoni lisci

Pennoni rigati

QUELQUES SAUCES

Les petits « tubes » sont excellents avec des sauces aux légumes, comme la sauce au chou-fleur (page 108), et certaines sauces à la viande telles la sauce au poulet (page 112) ou celle à la saucisse (page 116).

Penne all'arrabbiata
(page 56)

Garganelli al prosciutto e asparagi
(voir Fettuccine, page 95)

Cavatappi alla boscaiola
(page 110)

GARGANELLI

Ce sont les seuls tubes que l'on fabrique traditionnellement à la main, avec une pâte aux œufs (voir instructions page 41).

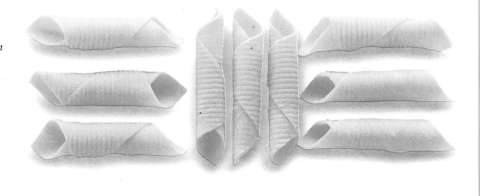

ELICOIDALI

Petits tubes droits, rayés de cannelures en spirale, dont le nom signifie « hélices ». Bien qu'ils soient plus étroits que les rigatoni (voir page 21), on les utilise de la même manière.

CAVATAPPI

Ces petits « tire-bouchons » ressemblent à de larges fusilli lunghi (voir page 15). Ils sont amusants à manger, et leurs spirales retiennent bien les sauces qui les enrobent.

TUBI
Tubes

MACCHERONI

Lorsque ce mot fit sa première apparition dans les milieux aristocratiques du sud de l'Italie, il était synonyme de « pâte ». Aujourd'hui, c'est un terme générique qui désigne une grande variété de pâtes tubulaires. Les boccolotti et les chifferi s'utilisent surtout dans des soupes, mais on les prépare aussi avec du beurre et du fromage, pour les enfants. Les denti d'elefante et les deux autres types de maccheroni présentés sont des variantes du tube ordinaire. Les chifferi sont également appelés gomiti, ou « coudes », à cause de leur forme.

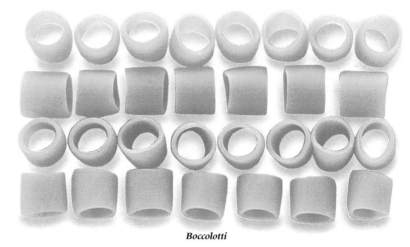

Boccolotti

Maccheroni lisci

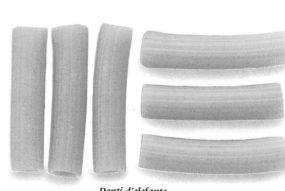

Denti d'elefante

Maccheroni rigati

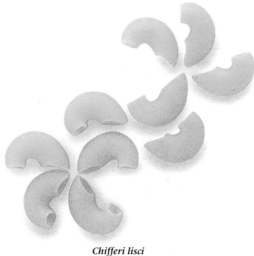

Chifferi lisci

Chifferi rigati

QUELQUES SAUCES

Les sauces à la viande sont idéales pour les gros tubes. Vous pouvez, par exemple, préparer une sauce aux pigeonneaux ou aux foies de volaille, comme celle pour les pappardelle (page 102).

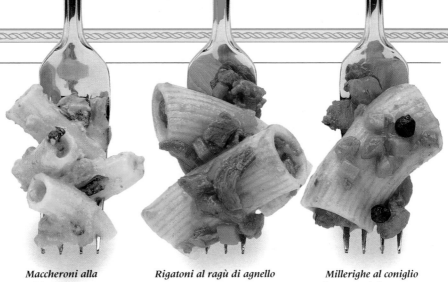

Maccheroni alla salciccia e ricotta (page 117)

Rigatoni al ragù di agnello (page 114)

Millerighe al coniglio (voir Pappardelle, page 103)

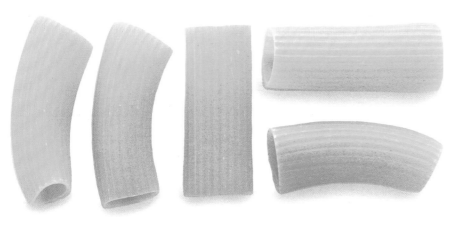

RIGATONI

Très populaires en Italie, où ils sont devenus un classique, ces gros tubes sont excellents avec des sauces à la viande, ou simplement accommodés de beurre, de parmesan râpé (de préférence du parmigiano-reggiano) et d'un peu de crème fraîche.

MILLERIGHE

Les nombreuses cannelures dont ils sont dotés sont à l'origine de leur nom, qui signifie « mille lignes ». Ils ressemblent aux rigatoni, bien qu'ils soient droits et non légèrement incurvés.

GIGANTONI

Le terme italien « giganti » (« géants ») est ici renforcé par la terminaison « oni » : ce sont donc des « super-géants ». Ils sont bien trop gros pour les préparations en sauce, mais conviennent, en revanche, pour les gratins et autres plats cuits au four.

FORME SPECIALI

Formes Spéciales

L es fabricants de pâtes italiens ont déjà créé une infinité de pâtes aux formes spéciales, et ils ne cessent d'en inventer de nouvelles, bien que les formes traditionnelles semblent prédominer. Il serait faux de penser que seul l'aspect esthétique de ces pâtes compte : en effet, chaque forme procure au palais une sensation particulière, et s'accommode mieux de telle ou telle sauce. La plupart des formes spéciales présentées ici seront mises en valeur par des sauces contenant des ingrédients solides, que leurs divers replis et cavités retiennent bien.

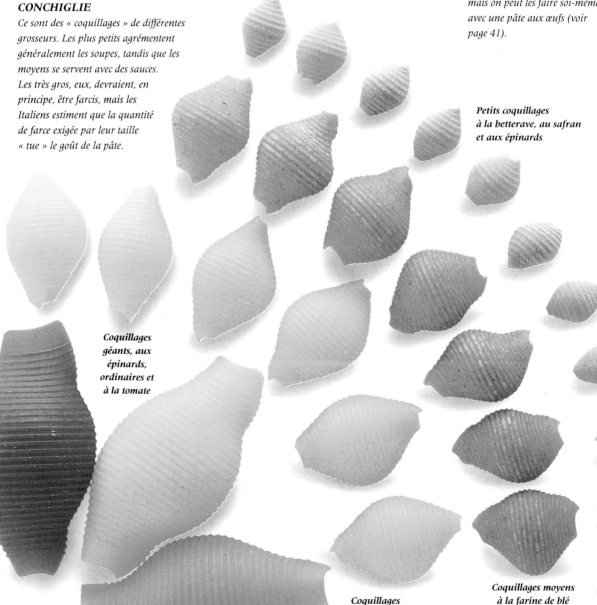

FARFALLE

Leur nom signifie « nœuds papillon ». Les farfalle présentés ci-dessus, à la farine et à l'eau, sont fabriqués industriellement, mais on peut les faire soi-même avec une pâte aux œufs (voir page 41).

CONCHIGLIE

Ce sont des « coquillages » de différentes grosseurs. Les plus petits agrémentent généralement les soupes, tandis que les moyens se servent avec des sauces. Les très gros, eux, devraient, en principe, être farcis, mais les Italiens estiment que la quantité de farce exigée par leur taille « tue » le goût de la pâte.

Petits coquillages à la betterave, au safran et aux épinards

Coquillages géants, aux épinards, ordinaires et à la tomate

Coquillages moyens ordinaires

Coquillages moyens à la farine de blé complète

QUELQUES SAUCES

Les lumache, gnocchi et radiatori sont bons avec une sauce aux artichauts (page 126). Les conchiglie, lumache et gnocchi, qui s'imprègnent bien des sauces à la viande, s'accommoderont également d'un ragù (pages 62 et 114).

**Farfalle al salmone
(page 121)**

**Conchiglie alla
salsiccia e panna
(page 125)**

**Orecchiette ai broccoli
(voir Orecchiette alla verza,
page 129)**

GNOCCHI

Les gnocchi authentiques sont à la pomme de terre, et les pâtes du même nom ne font qu'imiter leur aspect. Les plus petites s'appellent gnocchetti. L'adjectif « sardi » indique leur origine sarde.

Gnocchetti sardi

Gnocchi sardi

**Riccioli (« bouclés »),
également appelés gnocchetti**

Gnocchi

LUMACHE

Ce nom, qui signifie « escargots », est dû à la forme des pâtes, évoquant la coquille de ces mollusques. La plus grosse, à droite, est appelée lumacone (« gros escargot »).

ORECCHIETTE

Spécialité d'Apulie, au sud-est de l'Italie. Ces « petites oreilles » se fabriquent traditionnellement à la main, avec une pâte sans œufs à la farine de blé dur.

RADIATORI

Ces « radiateurs » évoquent des appareils de chauffage miniatures.

FORME SPECIALI

Formes Spéciales

FUSILLI

On appelle également les pâtes présentées ci-dessous fusilli corti (« ressorts courts »), pour les distinguer des fusilli longs de la page 15, ou, parfois, eliche (« hélices »), quand leur spirale est assez lâche. Les fusilli bucati forment une spirale creuse (« bucati » signifie « percé »).

**Fusilli ordinaires,
à la tomate
et aux épinards**

Fusilli ordinaires

Fusilli aux épinards

Fusilli à la farine de blé complète

Eliche

Fusilli bucati

QUELQUES SAUCES

Les fusilli se préparent de multiples façons et les légumes leur conviennent bien : essayez-les accommodés alle zucchine (ci-contre), al cavolfiore (page 120), alla campagnola (page 122), ou encore alla verza (page 129).

Fusilli corti alle zucchine (page 120)

Strozzapreti ai porcine e peperoni (page 128)

Ruote di carro con peperonata (page 124)

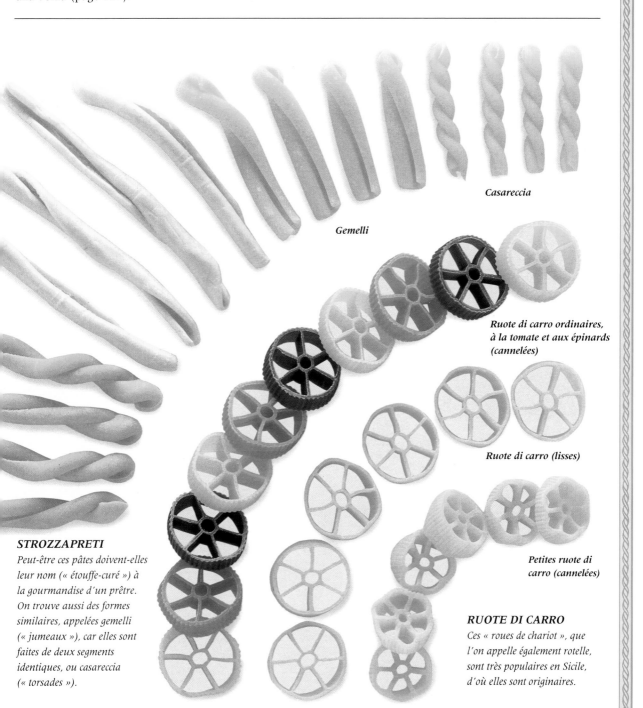

Casareccia

Gemelli

Ruote di carro ordinaires, à la tomate et aux épinards (cannelées)

Ruote di carro (lisses)

Petites ruote di carro (cannelées)

STROZZAPRETI

Peut-être ces pâtes doivent-elles leur nom (« étouffe-curé ») à la gourmandise d'un prêtre. On trouve aussi des formes similaires, appelées gemelli (« jumeaux »), car elles sont faites de deux segments identiques, ou casareccia (« torsades »).

RUOTE DI CARRO

Ces « roues de chariot », que l'on appelle également rotelle, sont très populaires en Sicile, d'où elles sont originaires.

PASTA PER MINESTRE

Pâtes à Potage

Ces pâtes aux formes réduites, dont les noms se terminent en général par un diminutif comme « ine », « ini », « etti » ou « ette », sont appelées collectivement pastina (« petites pâtes »). A l'exception des maltagliati et, parfois, des quadrucci, on les réserve pour les bouillons de viande revigorants ou pour les enfants. Leur diversité – grains de riz, graines de melon, étoiles, lettres, etc. – est amusante, mais on ne décèle pas de différence de saveurs ni de textures.

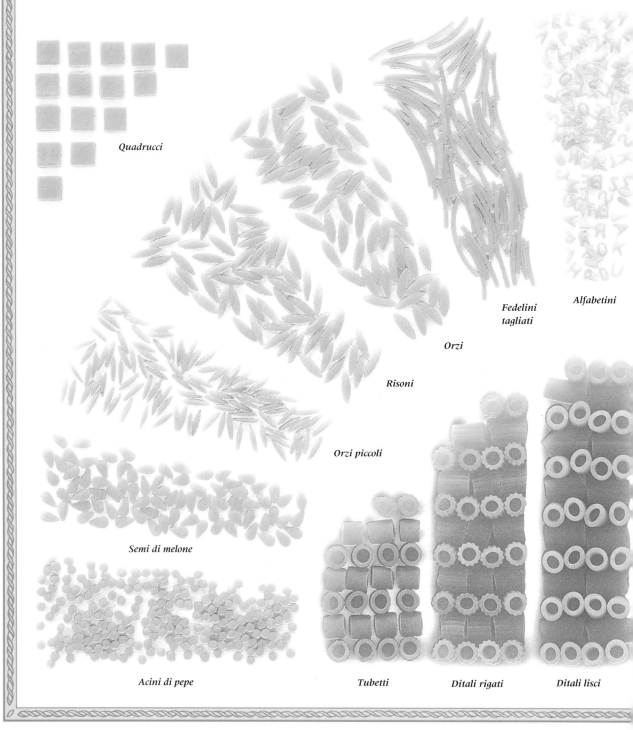

Quadrucci

*Fedelini
tagliati*

Alfabetini

Orzi

Risoni

Orzi piccoli

Semi di melone

Acini di pepe

Tubetti

Ditali rigati

Ditali lisci

QUELQUES SOUPES

Les maltagliati sont un choix classique pour la soupe aux pâtes et aux haricots (pasta e fagioli), à l'extrême droite, les stelline étant généralement réservées pour la soupe destinée aux enfants (minestrina dei bambini), au centre.

Minestra di pasta e verdure alla romana (page 132)

Minestrina dei bambini (page 131)

Pasta e fagioli (page 131)

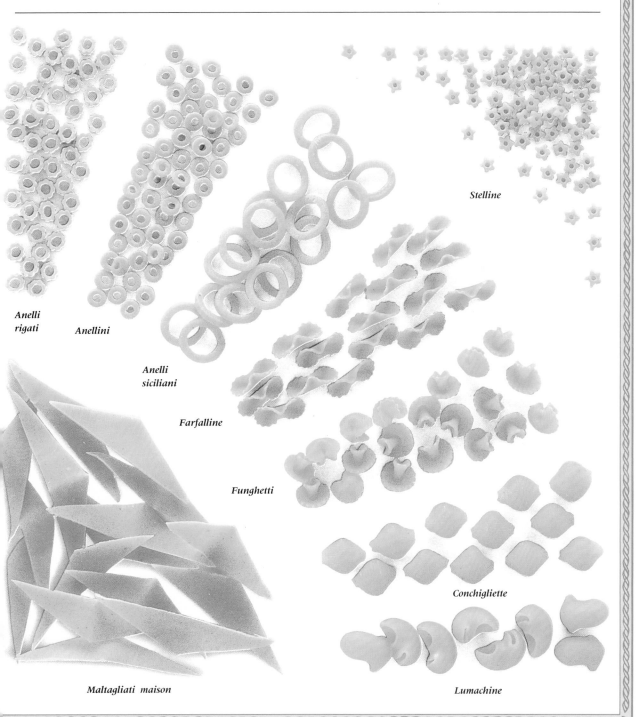

Anelli rigati

Anellini

Anelli siciliani

Farfalline

Funghetti

Stelline

Conchigliette

Maltagliati maison

Lumachine

PASTA RIPIENA

Pâtes Farcies

Les pâtes farcies maison constituent des mets délicieux, à condition que la quantité et le type de farce choisie se marient harmonieusement avec la pâte. Celle-ci, au demeurant, ne doit pas simplement être une enveloppe destinée à recevoir la farce : au contraire, elle doit faire partie intégrante de la préparation culinaire.

RAVIOLINI

Dans le Piémont, on les appelle agnolotti. On les farcit le plus souvent de viande, mais une grande variété de garnitures leur convient.

PANSOTI

Pâtes farcies triangulaires originaires de la Riviera italienne, dont le nom signifie « petits ventres ». Garnies de ricotta et de cinq plantes sauvages locales, on les sert avec un pesto aux noix (voir page 96).

TORTELLONI

Ces pâtes carrées sont, en général, farcies de blettes ou d'épinards et de ricotta. On les agrémente de beurre, d'une généreuse quantité de parmigiano-reggiano, ou bien d'une sauce burro e pomodoro (voir page 52). En Émilie, on les appelle tortelli.

TORTELLINI

C'est une spécialité de Bologne. Le soir de Noël, on les sert avec un bouillon, mais on les prépare également à la crème (voir page 134).

CANNELLONI

Les cannelloni sont des feuilles de pâte de forme rectangulaire sur lesquelles on étale une farce avant de les rouler sur elles-mêmes et de les cuire au four.

QUELQUES FARCES

On peut préparer des farces aux fruits de mer, aux légumes ou à la viande. Elles comprennent généralement du fromage et un jaune d'œuf, qui sert à lier les ingrédients.

Patate douce, persil et jambon de Parme (voir Tortelli alla ferrarese, page 138)

Ricotta, bœuf et mortadelle (voir Cannelloni di carne, page 144)

Épinards, ricotta et jambon de Parme (voir Tortelloni di biete, page 134)

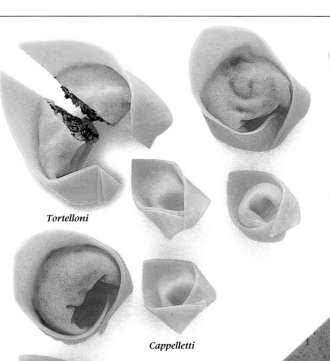

Tortelloni

Cappelletti

Lasagne ordinaire et aux épinards

CAPPELLETTI, TORTELLONI

Les cappelletti sont des « petits chapeaux » semblables aux tortellini, que l'on obtient à partir d'un carré de pâte et non d'un disque, d'où leur extrémité pointue. Ils ressemblent à une mitre d'évêque. Les plus gros viennent de Bologne et, contre toute logique, on les appelle tortelloni, comme les pâtes farcies carrées de la page ci-contre.

LASAGNE

Grandes feuilles de pâte rectangulaires, les lasagne servent à préparer le plat auquel elles ont donné leur nom. On alterne les feuilles de pâte avec de fines couches de farce à la viande, aux fruits de mer ou aux légumes, et l'on fait gratiner au four.

PASTA COLORATA

Pâtes Colorées

Si les pâtes diversement colorées et aromatisées sont très populaires hors de leur pays natal, elles le sont beaucoup moins, en revanche, en Italie, où la tradition culinaire veut que l'on privilégie le goût d'un aliment plutôt que son apparence. La couleur ne présente donc aucun intérêt gastronomique pour les Italiens, hormis le fait de contribuer à la recherche d'une certaine saveur, ce à quoi seules les pâtes aux épinards ou à la tomate peuvent prétendre.

NATURE

La couleur des pâtes aux œufs varie de l'or pâle au jaune orangé, selon la teinte plus ou moins soutenue des jaunes d'œufs qu'elles contiennent. Celle des pâtes à la farine et à l'eau est également fonction de la farine utilisée.

TOMATE

Les pâtes rouges contiennent traditionnellement de la poudre de tomate séchée, mais on en trouve rarement dans le commerce, et on lui substituera donc du double concentré de tomate.

ÉPINARDS

Les pâtes vertes contiennent des épinards frais ou surgelés. Ces derniers sont blanchis et très finement hachés, puis mêlés aux œufs avant d'être incorporés à la farine.

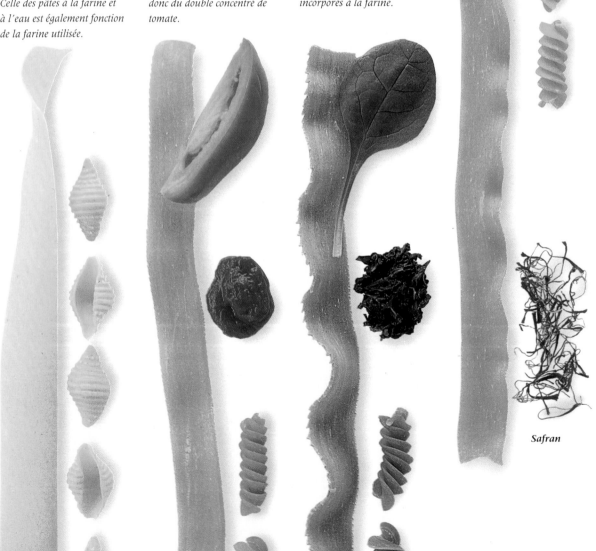

Safran

Betterave

Basilic

Champignons

Encre de seiche

31

FABRIQUER ET SERVIR LES PÂTES

*La fabrication des pâtes est un art à la portée de tous,
dont les résultats méritent bien quelques efforts.
En effet, rien ne vaut les pâtes aux œufs maison.
Si vous disposez d'une machine, utilisez-la uniquement
pour abaisser finement la pâte et y découper des rubans
de largeurs différentes. Évitez d'employer des machines
sophistiquées où l'on introduit les ingrédients à une
extrémité et où les pâtes ressortent toutes faites de l'autre,
car ce matériel ne tient pas compte des étapes et du temps
d'élaboration nécessaires pour réussir des pâtes
aux œufs à la consistance parfaite.*

LES USTENSILES

Pour réussir de délicieuses pâtes aux œufs maison, il suffit de posséder quelques instruments faciles à se procurer dans les grandes surfaces ou dans les boutiques spécialisées. En guise de rouleau à pâtisserie, utilisez de préférence un cylindre de bois, sans poignées. Quant à la machine à faire des pâtes, elle n'est pas du tout indispensable si vous apprenez à étaler la pâte et à la découper à la main.

RACLOIR
Sa lame flexible, en métal ou en plastique, permet de débarrasser le plan de travail de toute trace collante du mélange œufs-farine au moment de pétrir la pâte.

FORMES À BISCUITS
Ces formes circulaires à bord coupant, cannelé ou droit sont idéales pour découper des cercles de pâte a farcir.

PLAN DE TRAVAIL LISSE
Traditionnellement, la pâte se pétrit sur une grande planche de bois, mais une surface plastifiée – formica ou autre – convient également. Éviter les surfaces froides, tel le marbre ou le métal.

FOURCHETTE
Pour battre les œufs et les mélanger à la farine jusqu'à ce que l'appareil soit assez épais pour être pétri.

TORCHONS
Plusieurs torchons sont nécessaires pour absorber l'humidité de la pâte fraîchement étalée avant de la découper.

FILM DE PLASTIQUE
La pâte devant bien reposer avant d'être étalée, il faut l'envelopper dans un film de plastique, afin d'éviter qu'elle ne s'assèche et ne forme une croûte en surface.

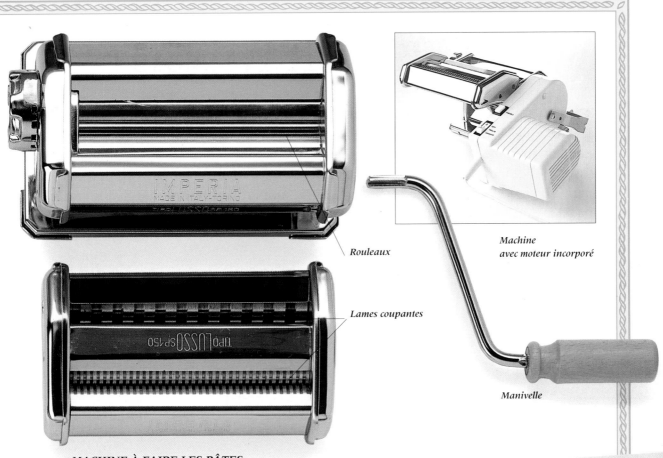

Rouleaux

Machine
avec moteur incorporé

Lames coupantes

Manivelle

MACHINE À FAIRE LES PÂTES

*Cette machine est munie de rouleaux, pour étirer la pâte,
et d'un accessoire à lames, pour la découper en rubans
de différentes largeurs. Vous pouvez l'actionner à la
manivelle, mais elle est également équipée d'un moteur
électrique amovible. Ce dernier vous facilitera la tâche,
car vous aurez les mains libres.*

POCHE À DOUILLE

*Garnir des pâtes de farce à l'aide d'une
petite cuillère exige de la patience ; la
poche à douille permet un gain de temps
considérable.*

ROULEAU À PÂTISSERIE

*Le rouleau traditionnel, que l'on
utilise à Bologne, mesure 4 cm de
diamètre sur 80 cm de long ; ses
extrémités sont lisses et arrondies.
Toutefois, un rouleau de 5 cm
de diamètre sur 60 cm de long
convient pour étaler la quantité
de pâte obtenue avec trois œufs.*

ROULETTE À PÂTISSERIE

*Sert à découper et à souder les pâtes
à farcir, ainsi qu'à donner aux pâtes
rubans une bordure en dents de scie.*

PLANCHETTE À GARGANELLI

*C'est l'ustensile que l'on emploie à Bologne
pour fabriquer des garganelli, mais une palette
à beurre et un crayon conviennent aussi bien
(voir page 41).*

COUTEAU DE CUISINE

*Pour découper les pâtes à la main, ou
pour diviser la pâte aux œufs en tronçons
pouvant être étalés à la machine, utilisez
un long couteau bien affûté.*

PRÉPARER LA PÂTE

Pétrir la pâte à la main est une opération très simple, qui, avec la pratique, vous semblera un jeu d'enfant. Les résultats obtenus en procédant de cette façon sont nettement supérieurs à ceux du pétrissage en machine, le temps d'élaboration et la chaleur des mains ayant une grande influence sur l'élasticité et la texture de la pâte. La quantité de farine indiquée est approximative : elle varie en fonction de la grosseur des œufs et de l'humidité ambiante. Vous l'ajusterez avant de commencer à pétrir.

MÉLANGER LA FARINE ET LES ŒUFS

INGRÉDIENTS

3 gros œufs
300 g de farine ordinaire (de préférence de la farine italienne « 00 »)

1 Versez la farine en tas sur le plan de travail. Formez un puits au milieu avec les doigts.

2 Cassez les œufs, un par un, au centre du puits de farine.

3 Battez doucement les œufs à la fourchette, pour mélanger les jaunes et les blancs.

4 Toujours à la fourchette, incorporez peu à peu la farine aux œufs battus, à l'intérieur du puits, jusqu'à ce que le mélange commence à épaissir. Ne brisez pas le « muret » extérieur de farine, pour éviter que les œufs ne s'échappent.

QUELQUES CONSEILS

- *Utilisez des œufs à la température de la pièce.*

- *Évitez de pétrir la pâte sur une surface froide, comme du marbre.*

PÂTES COLORÉES

PÂTES ROUGES

Ajoutez 1 cuillerée à soupe de purée de tomate par œuf aux œufs battus avant d'y incorporer la farine.

PÂTES VERTES

Comptez 125 g d'épinards frais ou 75 g d'épinards décongelés par œuf. Faites-les cuire à l'eau bouillante salée, pour en rehausser la couleur. Exprimez toute l'eau et hachez-les finement avant utilisation.

PÉTRIR LA PÂTE

1 Cette étape doit s'effectuer rapidement. Des deux mains, ramenez le reste de la farine sur le mélange farine-œufs, de façon à le recouvrir complètement.

2 Commencez à travailler l'appareil, jusqu'à ce que toute la farine soit incorporée aux œufs. Si besoin est, ajoutez-en un peu : la pâte doit être molle, mais pas collante. Quand elle a la consistance voulue, enveloppez-la dans un film de plastique.

3 Grattez le plan de travail avec un grattoir et lavez-vous bien les mains. Déballez la pâte et commencez à la pétrir : retenez-la d'une main et, de l'autre, repliez-la sur elle-même.

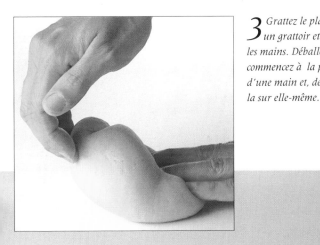

4 Le pétrissage consiste à écraser la pâte avec votre paume tout en l'éloignant de vous ; faites-lui faire ensuite un quart de tour, et recommencez l'opération plusieurs fois. Continuez de pétrir ainsi jusqu'à ce que la pâte devienne uniforme et lisse. Enveloppez-la alors dans un film de plastique et laissez-la reposer au moins 20 minutes avant de l'étaler.

ÉTALER LA PÂTE

C'est en étalant la pâte à la main que vous obtiendrez les meilleurs résultats, car en l'étirant, au lieu de la comprimer comme avec la machine, vous lui communiquerez une consistance plus légère et plus perméable, et vos pâtes s'imprégneront mieux des sauces qui les accompagneront. Cela demande toutefois un peu d'expérience, et vous devrez sans doute vous exercer avant d'obtenir entière satisfaction. Si vous préférez utiliser la machine, branchez le moteur ; vous aurez ainsi plus de liberté pour manipuler la pâte.

ÉTALER À LA MAIN

Ne vous découragez surtout pas si vous ratez votre premier essai : le tour de main s'acquiert assez rarement du premier coup. N'hésitez pas, alors, à jeter la pâte et à tout recommencer. Déballez la pâte sur le plan de travail, puis pétrissez-la encore une minute, afin de lui redonner toute son élasticité. Aplatissez-la du bout des doigts, de façon à former un disque.

1 Étalez le disque de pâte au rouleau, en remontant vers l'extérieur. Tournez-le de 90° et renouvelez l'opération jusqu'à ce que la pâte atteigne 6 mm d'épaisseur.

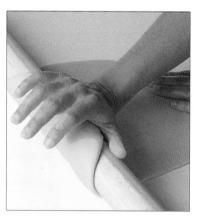

2 Repliez le bord extérieur de la pâte sur le rouleau. D'une main, retenez le bord qui se trouve vers vous, et enroulez la pâte en l'étirant doucement. Tournez le rouleau à 90°, déroulez la pâte, et recommencez cinq fois.

3 Repliez le bord extérieur de la pâte sur le rouleau. Enroulez celle-ci en l'étirant peu à peu sur les côtés, avec vos paumes et en imprimant au rouleau un léger mouvement de va-et-vient. Quand toute la pâte est enroulée, tournez le rouleau à 90°, déroulez et recommencez.

4 Continuez d'étirer la pâte jusqu'à ce qu'elle devienne presque transparente et s'étale sur le plan de travail. Coupez-la si elle s'étend trop, et déposez-la sur un torchon sec.

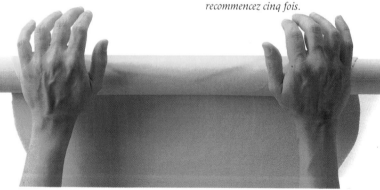

QUELQUES CONSEILS

• *Seules vos paumes doivent être en contact avec la pâte sur le rouleau.*

• *Pour étirer la pâte au lieu de l'écraser, n'appuyez pas dessus à la verticale, mais poussez-la vers l'avant, en l'éloignant de vous.*

ÉTALER À LA MACHINE

La machine comporte des crans qui permettent de diminuer, petit à petit, l'écartement des rouleaux. N'essayez pas de sauter un cran afin d'accélérer le processus, car le résultat s'en ressentirait. Pour conserver son élasticité, la pâte doit être étalée progressivement.

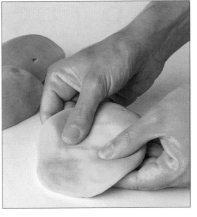

QUELQUES CONSEILS

● *Vous aurez besoin d'espace pour déposer toutes les bandes de pâte. Commencez par en étaler trois morceaux d'affilée, et conservez le reste dans un film de plastique.*

● *N'hésitez pas à couper les bandes de pâte au fur et à mesure qu'elles s'amincissent, si elles deviennent trop longues et difficiles à manier.*

1 Divisez la pâte en six morceaux. Aplatissez-en un du bout des doigts, et enveloppez les autres dans un film de plastique.

2 Réglez au maximum l'écartement des rouleaux de la machine. Faites-y passer la pâte, et recueillez-la sans tirer dessus.

3 Pliez la pâte en trois et passez-la de nouveau à la machine, les plis sur les côtés. Recommencez trois ou quatre fois, jusqu'à ce que la pâte soit très lisse. Renouvelez l'opération avec les autres morceaux de pâte.

4 Réduisez d'un cran l'écartement des rouleaux. Faites-y passer, une fois, toutes les bandes de pâte, et déposez-les sur un torchon sec. Réduisez encore d'un cran, et recommencez. Continuez à faire passer toutes les bandes de pâte jusqu'à ce que l'écartement soit au minimum.

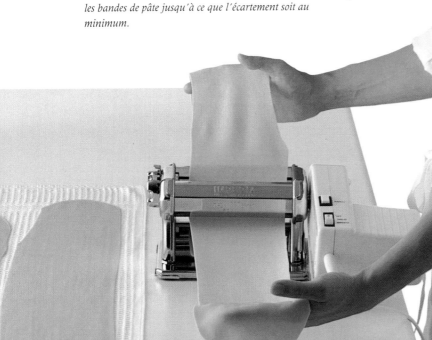

DÉCOUPER LES PÂTES

La pâte aux œufs doit être suffisamment sèche, afin que les pâtes ne se collent pas les unes aux autres, mais pas trop, pour éviter qu'elle ne casse ou ne s'effrite. Les bandes de pâte étalées à la machine ont la dimension idéale pour être transformées, grâce à un jeu de lames adéquat, en fettuccine ou en tonnarelli ; d'autres formes, en revanche, ne peuvent être découpées qu'à la main, ce qui nécessite un minimum d'attention et de pratique. Il va de soi que la pâte étalée à la main doit être découpée à la main.

DÉCOUPER À LA MAIN

FETTUCCINE (5 mm) ET *TAGLIATELLE (8 mm)*

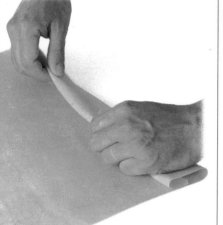

1 Repliez l'abaisse de pâte sur elle-même, de façon à former un rouleau plat d'environ 5 cm de large.

2 Calez bien le plat de la lame d'un grand couteau de cuisine contre vos phalanges, et découpez le rouleau de pâte en rubans de la largeur désirée.

3 Déroulez les rubans, et étalez-les à plat si vous consommez les pâtes le jour même. Pour les conserver – jusqu'à plusieurs mois –, formez des nids en les enroulant autour de vos doigts, et mettez-les à sécher sur un torchon.

CAPELLI D'ANGELO
Pour obtenir des cheveux d'ange, suivez les instructions ci-dessus, en découpant la pâte le plus finement possible.

MALTAGLIATI
Faites deux incisions en diagonale, puis une incision perpendiculaire au rouleau de pâte. Dépliez les petites piles obtenues.

QUADRUCCI
Découpez la pâte comme ci-dessus, mais au lieu de dérouler les rubans, coupez-les en petits carrés.

PAPPARDELLE

Pour obtenir une bordure en dents de scie, découpez la pâte à l'aide d'une roulette à pâtisserie. Sinon, formez un rouleau de pâte et découpez-le au couteau en rubans de 2 cm de large.

FARFALLE

A l'aide d'une roulette à pâtisserie, découpez la pâte en carrés de 4 cm de côté. Pincez chaque carré au milieu, pour lui donner la forme d'un nœud papillon.

GARGANELLI

Enroulez des carrés de pâte de 4 cm de côté autour d'un crayon, que vous passez sur une palette à beurre cannelée. Appuyez sur les extrémités du crayon, et non sur la pâte, de façon que les garganelli se détachent facilement.

DÉCOUPER À LA MACHINE

FETTUCCINE

Étalez la pâte le plus finement possible à la machine. A l'aide d'un couteau de cuisine, divisez-la en bandes de 30 cm de long. Fixez le jeu de lames à la machine et faites passer les bandes de pâte à travers les plus larges.

TONNARELLI

Étalez la pâte à la machine sans aller jusqu'au dernier cran : arrêtez-vous à l'avant-dernier. Fixez le jeu de lames, faites passer les bandes de pâte à travers les plus minces. La pâte étant encore assez épaisse, et la découpe étroite, les longues pâtes seront de section carrée.

FARCIR LES PÂTES

Il est extrêmement facile de farcir une pâte, à l'exception, peut-être, des tortellini et des cappelletti, qui requièrent un certain tour de main. Le seul obstacle auquel vous risquez de vous heurter est que la pâte soit devenue trop sèche pour être repliée sur elle-même et soudée. Pour éviter ce problème, enveloppez toujours la pâte dans un film de plastique lorsque vous ne la travaillez pas, et ne la déballez qu'au moment de l'utiliser. Vous pouvez également ajouter un peu de lait aux œufs (une cuillerée à café par œuf).

TORTELLONI (TORTELLI)

1 Ces carrés de pâte farcie s'appellent tortelloni en Romagne et tortelli en Émilie. Étalez une bande de pâte de 10 cm de large et garnissez-la de petits tas de farce de la valeur d'une cuillerée à café environ, en les espaçant de 5 cm.

2 Humectez les bords de la pâte, puis repliez-la sur elle-même. Égalisez le bord à l'aide d'une roulette à pâtisserie, puis coupez la pâte tous les 5 cm entre chaque tas de farce. Pincez les bords des tortelloni pour les souder.

TORTELLINI

2 Repliez le disque sur lui-même, et ramenez les extrémités l'une vers l'autre autour de votre doigt. Pincez-les pour les souder.

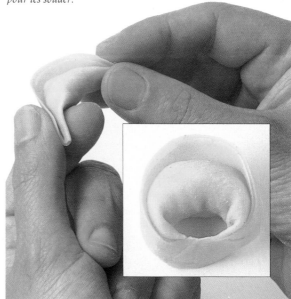

1 Découpez des disques de pâte de 5 cm de diamètre à l'aide d'une forme à biscuit ou d'un verre. Déposez une demi-cuillerée à café de farce sur chaque disque.

TORTELLONI DE BOLOGNE

1 Pour faire des tortelloni comme à Bologne, découpez une fine bande de pâte en carrés de 7,5 cm de côté. Déposez une cuillerée à café de farce au centre de chaque carré.

2 Humectez les bords de la pâte du bout des doigts, et repliez le carré sur lui-même en formant un triangle.

3 Ramenez les extrémités de la pâte l'une vers l'autre, autour de votre doigt, en appuyant délicatement sur la farce pour l'incurver. Pincez-les pour les souder.

RAVIOLINI

1 Découpez des disques de pâte de 5 cm de diamètre à l'aide d'une forme à biscuits cannelée.

2 Déposez une demi-cuillerée à café de farce au centre de chaque disque.

3 Repliez la pâte sur elle-même, et pincez les bords pour les souder. Abaissez légèrement les extrémités pour accentuer la forme de croissant.

VARIANTES

PANSOTI
Prenez des carrés de pâte de 5 cm de côté. Mettez un peu de farce au centre et pliez-les en triangle.

RAVIOLINI
Pour des raviolini à bordure droite, utilisez une forme à biscuits ordinaire ou un verre renversé.

CAPPELLETTI
Procédez comme pour les tortellini, mais avec des carrés de pâte, et non des disques.

CUIRE ET SERVIR LES PÂTES

L a cuisson des pâtes ne pose aucun problème particulier : il suffit de respecter quelques règles de base et d'acquérir un minimum d'expérience. Le meilleur moyen de savoir si une pâte est cuite, c'est de la goûter : elle doit être tendre, mais conserver cependant une certaine fermeté sous la dent. C'est le terme al dente qui décrit le mieux le degré de cuisson idéal. Le temps de cuisson des pâtes sèches du commerce varie en fonction de la forme et de la marque. Les pâtes maison cuisent très vite : moins d'une minute si vous venez de les préparer. Quant aux pâtes farcies, vous vérifierez la cuisson en goûtant la bordure.

FAIRE BOUILLIR LES PÂTES

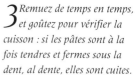

1 Utilisez une marmite ou un faitout de grande taille, que vous remplissez d'eau, et portez à ébullition, puis salez. Plongez-y toutes les pâtes d'un coup.

2 Remuez aussitôt, pour éviter que les pâtes n'accrochent au fond du récipient ou ne se collent entre elles. Ne cassez pas les pâtes longues : elles s'enrouleront en se ramollissant. Couvrez éventuellement, jusqu'à ce que l'ébullition reprenne.

3 Remuez de temps en temps, et goûtez pour vérifier la cuisson : si les pâtes sont à la fois tendres et fermes sous la dent, al dente, elles sont cuites.

4 Égouttez les pâtes aussitôt dans une passoire, puis secouez bien pour ôter toute l'eau. Ne rincez jamais des pâtes, cela les refroidirait et supprimerait la pellicule d'amidon qui leur permet de mieux s'enrober de sauce.

PROPORTIONS PÂTES-EAU

250 g de pâtes
3 litres d'eau

500 g de pâtes
4 litres d'eau

750 g de pâtes
5 litres d'eau

1 kg de pâtes
Utilisez deux récipients

SEL

1 cuillerée à soupe de sel pour
4 litres d'eau

SERVIR

*2 Remuez les pâtes à l'aide d'une
fourchette et d'une cuillère, afin
de bien les enrober de sauce.
Évitez de servir un plat
de pâtes simplement
nappées de sauce.*

*1 Transvasez les pâtes dans un
plat de service préchauffé,
puis ajoutez la sauce. Vous
pouvez également verser
délicatement les pâtes dans le
récipient contenant la sauce.*

ENROULER LES PÂTES

*Pour déguster des pâtes longues, il faut les
enrouler autour de la fourchette : déplacez
d'abord la bouchée de pâtes vers le bord
de l'assiette, puis commencez à tourner.
La bonne méthode consiste à piquer
une petite quantité de pâtes à la fois,
de préférence vers l'extérieur et non
au milieu, pour éviter que la
fourchette ne s'encombre d'une
pelote de pâtes difficile à manier.*

SAUCES CLASSIQUES

J'ai choisi de vous présenter ici quelques sauces traditionnelles particulièrement appréciées en Italie. Chacune d'entre elles peut évidemment se décliner en plusieurs versions, qui se veulent toutes authentiques. Celles que j'ai sélectionnées sont celles que je préfère et que j'ai vu préparer pendant mon adolescence.

Les proportions indiquées pour chaque recette conviennent pour 4 ou 6 personnes, selon que les pâtes constituent ou non le plat principal.

SPAGHETTINI
AGLIO E OLIO

Spaghettini à l'ail et à l'huile d'olive

Ce plat délicieux est idéal pour les petites faims nocturnes. Il est facile à faire, vite prêt, et procure une immense satisfaction pour peu que les pâtes et l'huile d'olive soient de bonne qualité. Otez la sauce du feu dès qu'elle est prête, même si les pâtes ne sont pas encore tout à fait cuites. L'huile restera chaude pendant quelques minutes, et vous éviterez ainsi que l'ail ne brûle.

INGRÉDIENTS

Pour 500 g de pâtes sèches du commerce

8 cuillerées à soupe d'huile d'olive
1 cuillerée à café d'ail, finement haché
1 cuillerée de persil plat, finement haché
1 pincée de piment séché, concassé
Sel

Huile d'olive vierge

PRÉPARATION

1 Dans une grande marmite, portez à ébullition 4 litres d'eau. Ajoutez 1 cuillerée à soupe de sel, et plongez-y les pâtes en une seule fois. Remuez bien.
2 Dans une sauteuse, faites revenir l'ail, à feu moyen, dans l'huile. Quand il commence à se colorer, ajoutez le persil, le piment et un peu de sel. Mélangez. Otez la sauteuse du feu.
3 Lorsque les spaghettini sont cuits al dente, remettez la sauteuse sur feu doux. Versez les pâtes, après les avoir égouttées, dans la sauce et remuez jusqu'à ce qu'elles en soient bien enrobées. Rectifiez l'assaisonnement si besoin est et servez aussitôt.

CHOIX DE PÂTES

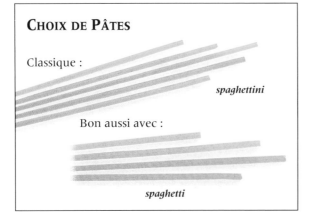

Classique :

spaghettini

Bon aussi avec :

spaghetti

Ail

Persil plat

Piment concassé

Sel

Spaghettini aglio e olio

PESTO DI BASILICO
ALLA GENOVESE
Pesto à la génoise

Pour déguster un authentique pesto à la génoise, il faudrait se rendre en Ligurie, où pousse le basilic le plus parfumé d'Italie. Il ne faut toutefois pas se décourager si l'on ne peut s'envoler vers la Riviera italienne chaque fois que l'on désire satisfaire ce caprice : n'importe quel basilic frais convient parfaitement.

INGRÉDIENTS

Pour des pâtes maison faites avec 3 œufs (voir page 36)
***ou* 500 g de pâtes sèches du commerce**

60 g de feuilles de basilic frais
8 cuillerées à soupe d'huile d'olive vierge
2 cuillerées à soupe de pignons
2 gousses d'ail, pelées
60 g de parmigiano-reggiano, râpé
2 cuillerées à soupe de pecorino romano, râpé
45 g de beurre, ramolli
Sel

PRÉPARATION

1 Mettez les feuilles de basilic, l'huile, les pignons et le sel dans le bol d'un mixeur, et actionnez l'appareil jusqu'à obtention d'une sauce homogène.

Vous pouvez préparer cette sauce à l'avance et la conserver au réfrigérateur, voire la congeler. Couvrez-la alors d'une fine couche d'huile d'olive pour éviter que le basilic ne s'oxyde et ne noircisse.

2 Versez la sauce dans un grand récipient. Ajoutez les deux fromages râpés et mélangez.
3 Portez à ébullition 4 litres d'eau. Ajoutez 1 cuillerée à soupe de sel et plongez-y les pâtes. Remuez bien et laissez cuire al dente. Égouttez les pâtes et mélangez-les à la sauce, à laquelle vous aurez incorporé 2 cuillerées à soupe d'eau chaude et le beurre.

Huile d'olive vierge

Basilic

CHOIX DE PÂTES
Bon avec :

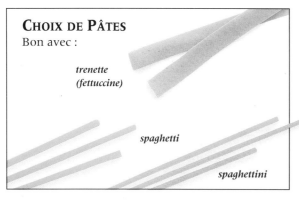

trenette (fettuccine)

spaghetti

spaghettini

Parmigiano-reggiano

Sel

Pecorino romano

Ail

Beurre

Pignons

**Trenette
al pesto di basilico**

SUGO AL
BURRO E POMODORO

Sauce au beurre et à la tomate

Pour de nombreux Italiens, cette sauce tomate nature, probablement la plus simple et la meilleure, évoque des souvenirs d'enfance. Prenez, si possible, de belles tomates fraîches ; hors saison, préférez-leur les tomates en conserve.

INGRÉDIENTS

Pour des pâtes maison faites avec 3 œufs (voir page 36)
***ou* 500 g de pâtes sèches du commerce**

1 kg de tomates mûres, pelées, épépinées et grossièrement hachées (ou 2 boîtes de 400 g de tomates entières, hachées, avec leur jus)
100 g de beurre
1 oignon moyen, pelé et coupé en deux
4 cuillerées à soupe de parmigiano-reggiano, râpé
Sel

PRÉPARATION

1 Mettez tous les ingrédients, à l'exception du fromage, dans une casserole, et faites cuire à feu doux pendant 20 à 40 minutes, jusqu'à ce que les tomates aient réduit. Otez la casserole du feu et jetez les moitiés d'oignon.

Vous pouvez préparer cette sauce à l'avance et la conserver au réfrigérateur de 3 à 4 jours, dans un récipient hermétiquement fermé, ou la congeler.

2 Portez à ébullition 4 litres d'eau. Ajoutez 1 cuillerée à soupe de sel et plongez-y les pâtes. Remuez et laissez cuire al dente. Égouttez, mélangez à la sauce chaude, saupoudrez de fromage râpé et servez.

Tomates fraîches (olivettes ou roma)

Beurre

Oignon

PELER UNE TOMATE

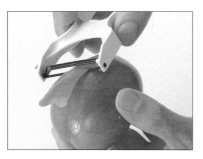

1 Utilisez, de préférence, un couteau économe à lame pivotante, et pelez la tomate du pédoncule vers le bas.

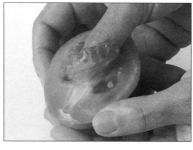

2 Coupez la tomate en deux. Otez les pépins avec votre pouce, puis hachez grossièrement la chair.

Tortelloni di spinachi
avec sugo al burro
e pomodoro

Sel

Parmigiano-reggiano

CHOIX DE PÂTES
Bon avec :

bucatini

penne lisce

tortelloni
di spinachi

spaghetti

53

SPAGHETTINI AL
POMODORO E BASILICO

Spaghettini à la tomate, au basilic et à l'ail

Je ne me lasse pas de cette sauce estivale toute simple, que je vous conseille de préparer avec des tomates fraîches bien mûres. Le piment concassé ayant pour but de parfumer la sauce et non de l'épicer, une pincée suffit. La quantité d'ail peut sembler généreuse, mais celui-ci, émincé et frit dans l'huile d'olive, communique à la sauce tout son arôme sans masquer sa saveur. Cette sauce est incomparable quand elle est réalisée avec des tomates fraîches, bien mûres.

INGRÉDIENTS

Pour 500 g de pâtes sèches du commerce

5 cuillerées à soupe d'huile d'olive vierge
1 cuillerée à soupe d'ail, finement émincé
1 kg de tomates mûres (roma), pelées, épépinées et coupées en quartiers (ou 2 boîtes de 400 g de tomates entières, grossièrement hachées, avec leur jus)
4 cuillerées à soupe de feuilles de basilic frais, coupées à la main en petits morceaux
1 pincée de piment séché, concassé (facultatif)
Sel

PRÉPARATION

1 Dans une grande sauteuse, faites revenir l'ail, à feu moyen, dans 4 cuillerées à soupe d'huile.

2 Lorsque l'ail commence à dorer, ajoutez les tomates. Si vous utilisez des tomates fraîches, qui rendront beaucoup de liquide à la cuisson, attendez que celui-ci s'évapore en partie avant de saler. Si vous prenez des tomates en boîte, salez tout de suite. Laissez mijoter pendant 10 à 20 minutes, jusqu'à ce que les tomates aient réduit.

3 Pendant que la sauce mijote doucement, portez à ébullition 4 litres d'eau, dans une grande marmite ou un faitout.

4 Quand la sauce a suffisamment réduit, incorporez les feuilles de basilic finement ciselées et, éventuellement, le piment concassé. Laissez cuire 1 à 2 minutes, puis ôtez du feu.

5 Mettez 1 cuillerée à soupe de sel dans l'eau bouillante, puis plongez-y les pâtes en une seule fois. Remuez et faites cuire al dente. Égouttez les pâtes, mettez-les dans la sauteuse contenant la sauce et ajoutez 1 cuillerée à soupe d'huile. Rectifiez l'assaisonnement si nécessaire, mélangez rapidement les pâtes dans la sauce et servez aussitôt.

Ail

Huile d'olive vierge

CHOIX DE PÂTES

Classique :

Bon aussi avec :

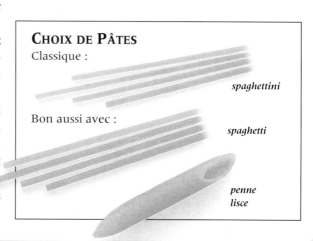

spaghettini

spaghetti

penne lisse

Tomates
fraîches (roma)

Sel

Basilic

Piment
concassé

**Spaghettini
al pomodoro
e basilico**

PENNE
ALL'ARRABBIATA

Penne à la sauce tomate épicée

L'expression « all'arrabbiata » signifie littéralement « en colère ». Ces pâtes relevées sont très appréciées à Rome et dans le centre de l'Italie. Vous pouvez augmenter ou bien diminuer la quantité de piment concassé, selon le goût.

INGRÉDIENTS

Pour 500 g de pâtes sèches du commerce

7 cuillerées à soupe d'huile d'olive vierge
1/2 cuillerée à café d'ail, finement haché
60 g de pancetta, découpée en lanières
de 6 mm d'épaisseur
2 boîtes de 400 g de tomates entières, grossièrement hachées,
avec leur jus
1 pincée de piment séché, concassé
12 feuilles de basilic frais, coupées à la main
en petits morceaux
2 cuillerées à soupe de pecorino romano, râpé
Sel

PRÉPARATION

1 Dans une grande sauteuse, faites revenir l'ail, à feu moyen, dans 6 cuillerées à soupe d'huile, jusqu'à ce qu'il commence à se colorer.
2 Ajoutez les lanières de pancetta et faites-les dorer légèrement.
3 Ajoutez les tomates, le piment et une petite quantité de sel, car la pancetta est déjà salée. Baissez le feu et laissez mijoter pendant 30 à 40 minutes, jusqu'à ce que les tomates aient réduit. Otez la sauteuse du feu.

Vous pouvez préparer cette sauce à l'avance et la conserver au réfrigérateur.

4 Dans une grande marmite, portez à ébullition 4 litres d'eau. Mettez 1 cuillerée à soupe de sel, puis plongez-y les pâtes en une seule fois. Remuez bien.
5 Remettez la sauce sur feu moyen et ajoutez les feuilles de basilic. Lorsque les pâtes sont cuites al dente, égouttez-les, mettez-les dans la sauteuse, mélangez et éteignez le feu. Rectifiez l'assaisonnement selon le goût. Arrosez de 1 cuillerée à soupe d'huile, parsemez de fromage râpé et servez aussitôt.

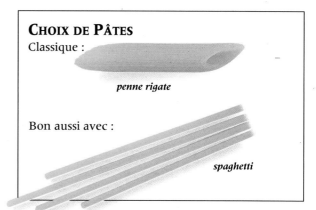

CHOIX DE PÂTES
Classique :

penne rigate

Bon aussi avec :

spaghetti

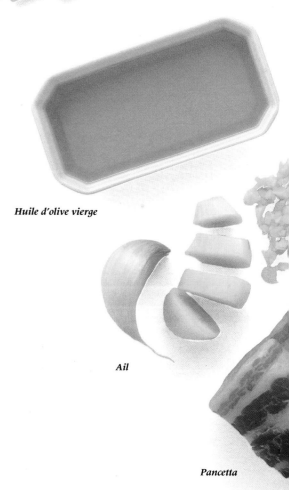

Huile d'olive vierge

Ail

Pancetta

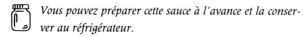

**Penne
all' arrabbiata**

*Pecorino
romano*

*Tomates
en boîte*

*Piment
concassé*

Sel

Basilic

57

SPAGHETTI ALLA
PUTTANESCA

Spaghetti aux tomates, aux câpres, aux olives et aux anchois

Cette recette passe pour avoir des vertus aphro-disiaques. A défaut d'attester cette légende, je peux vous assurer que vos invités se régaleront.

INGRÉDIENTS

Pour 500 g de pâtes sèches du commerce

7 cuillerées à soupe d'huile d'olive vierge
6 filets d'anchois, hachés
1/2 cuillerée à café d'ail, finement haché
2 boîtes de 400 g de tomates entières, grossièrement hachées,
avec leur jus
2 cuillerées à café d'origan frais, haché
(ou 1/2 cuillerée à café d'origan séché)
2 cuillerées à soupe de câpres
10 olives noires, dénoyautées et coupées en morceaux
Sel

PRÉPARATION

1 Mettez 6 cuillerées à soupe d'huile dans une sauteuse et faites-y revenir les filets d'anchois, à feu doux, en remuant avec une spatule en bois, jusqu'à ce qu'ils fondent.

2 Ajoutez l'ail et laissez cuire 15 secondes : il ne doit pas se colorer.

3 Augmentez le feu, ajoutez les tomates et 1 pincée de sel. Quand la sauce commence à bouillir, baissez le feu et laissez mijoter pendant 20 à 40 minutes, jusqu'à ce que les tomates aient réduit. Otez la sauteuse du feu.

Vous pouvez parfaitement préparer cette sauce à l'avance et la conserver au réfrigérateur.

4 Dans une grande marmite, portez à ébullition 4 litres d'eau. Mettez 1 cuillerée à soupe de sel, et plongez-y les pâtes en une seule fois. Remuez.

5 A mi-cuisson des pâtes, remettez la sauce sur feu moyen. Ajoutez l'origan, les câpres et les olives.

6 Lorsque les pâtes sont al dente, égouttez-les et incorporez-les à la sauce. Arrosez-les de 1 cuillerée à soupe d'huile, rectifiez l'assaisonnement si nécessaire et servez aussitôt.

Huile d'olive vierge

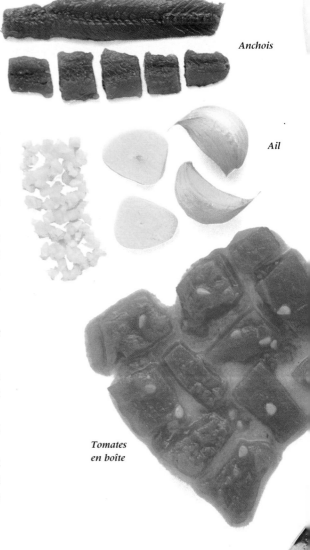

Anchois

Ail

Tomates en boîte

Spaghetti alla
puttanesca

Sel

Origan frais

Câpres

Olives

CHOIX DE PÂTES

Classique :   Bon aussi avec :

spaghettini

spaghetti   *penne lisce*

FETTUCCINE
PRIMAVERA

Fettuccine aux légumes nouveaux et à la crème

Pour réussir cette délicieuse spécialité italienne, il est indispensable de faire sauter les légumes suffisamment longtemps pour que leurs saveurs soient bien concentrées et pour que leurs arômes se mêlent, créant ainsi un parfait équilibre.

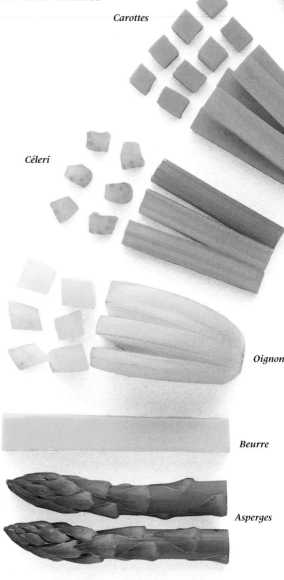

Carottes

Céleri

Oignon

Beurre

Asperges

INGRÉDIENTS

Pour des pâtes maison faites avec 3 œufs (voir page 36)
ou **500 g de pâtes sèches du commerce**

125 g d'asperges
60 g de beurre
4 cuillerées à soupe d'oignon, finement haché
4 cuillerées à soupe de céleri, finement haché
60 g de carottes, coupées en petits dés
60 g de courgettes, coupées en petits dés
4 cuillerées à soupe de poivron rouge,
pelé et haché
25 cl de crème fraîche épaisse
30 g de parmigiano-reggiano, râpé
Sel et poivre du moulin

PRÉPARATION

1 Nettoyez les asperges et pelez-les soigneusement. Faites-les cuire à l'eau bouillante salée jusqu'à ce qu'elles soient tendres, puis coupez-les en tronçons de 1 centimètre.

2 Dans une grande sauteuse, faites fondre le beurre, à feu moyen. Faites-y dorer l'oignon, puis ajoutez le céleri et les carottes coupés en petits dés. Laissez revenir 5 minutes.

3 Ajoutez les courgettes et le poivron rouge, et poursuivez la cuisson de 10 à 20 minutes, jusqu'à ce que tous les légumes soient tendres. Assaisonnez de sel et de poivre selon le goût.

4 Mettez les asperges dans la sauteuse et faites-les revenir pendant 1 minute. Incorporez la crème fraîche, et laissez mijoter, en remuant de temps en temps, jusqu'à ce qu'elle ait réduit de moitié. Otez la sauteuse du feu.

5 Dans une grande marmite, portez à ébullition 4 litres d'eau. Ajoutez 1 cuillerée à soupe de sel, puis plongez-y les pâtes en une seule fois. Remuez bien pour qu'elles ne se collent pas.

6 Lorsque les pâtes sont al dente, remettez la sauteuse sur le feu. Incorporez à la sauce les pâtes préalablement égouttées, ainsi que le persil et le fromage râpé. Remuez et servez aussitôt.

CHOIX DE PÂTES
Classique :

fettuccine

Bon aussi avec :

tagliatelle

Courgettes

Poivron rouge

Sel

Poivre noir

Crème fraîche épaisse

Parmigiano-reggiano

Persil plat

Fettuccine primavera

TAGLIATELLE AL
RAGÙ

Tagliatelle à la sauce bolognaise

Enfant, je salivais d'avance en songeant au moment où nous prendrions place à table autour d'un plat fumant de tagliatelle al ragù, dont je sentais déjà l'irrésistible arôme. Ce plat est la nourriture de base de la région d'Émilie-Romagne, d'où ma famille est originaire – le seul nom de sa capitale, Bologne, suffit à l'évoquer. Voici comment ma mère le prépare, et comment sa mère le préparait avant elle...

Oignon

INGRÉDIENTS

Pour des pâtes maison faites avec 3 œufs (voir page 36)
ou **500 g de pâtes sèches du commerce**

3 cuillerées à soupe d'huile d'olive vierge
75 g de beurre
2 cuillerées à soupe d'oignon, finement haché
2 cuillerées à soupe de petits dés de carotte
2 cuillerées à soupe de petits dés de céleri
350 g de viande de bœuf, hachée
25 cl de vin blanc sec
8 cuillerées à soupe de lait entier
1 pincée de noix muscade
500 g de tomates pelées en boîte, grossièrement hachées,
avec leur jus
60 g de parmigiano-reggiano, râpé
Sel

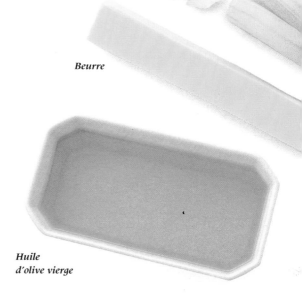
Beurre

*Huile
d'olive vierge*

PRÉPARATION

1 Mettez l'huile d'olive et la moitié du beurre dans une sauteuse à fond épais. Faites-y légèrement dorer l'oignon, à feu moyen.

2 Ajoutez les dés de carotte et de céleri, puis laissez revenir 3 minutes.

3 Incorporez le bœuf haché, en remuant avec une cuillère en bois. Assaisonnez de 1 pincée de sel et faites cuire jusqu'à ce que la viande brunisse, en remuant de temps en temps.

4 Versez le vin blanc et laissez mijoter, en remuant de temps en temps, jusqu'à ce qu'il soit évaporé. Ajoutez le lait, puis la noix muscade, et poursuivez la cuisson jusqu'à ce que le lait soit presque évaporé.

5 Incorporez les tomates, remuez, puis baissez le feu au minimum. Laissez mijoter, à découvert, pendant au moins 3 heures, en remuant de temps en temps.

Vous pouvez préparer cette sauce à l'avance et la conserver au réfrigérateur, ou bien la congeler. Au moment de la réchauffer, ajoutez-y 1 ou 2 cuillerées à soupe d'eau.

6 Portez à ébullition 4 litres d'eau. Ajoutez 1 cuillerée à soupe de sel, plongez-y les pâtes et faites-les cuire al dente. Égouttez les pâtes et incorporez-les à la sauce chaude, avec le reste du beurre et le parmesan râpé. Rectifiez l'assaisonnement si nécessaire et servez aussitôt.

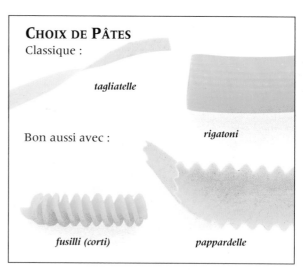

CHOIX DE PÂTES

Classique :

tagliatelle

Bon aussi avec :

rigatoni

fusilli (corti)

pappardelle

Carotte

Céleri

Bœuf
haché

Sel

Vin blanc

Lait

Noix
muscade

Tomates
en boîte

Parmigiano-
reggiano

**Tagliatelle
al ragù**

FETTUCCINE
ALL'ALFREDO

Fettuccine au beurre et à la crème

B ien que l'on attribue ce plat au nord de l'Italie, en réalité, il a été
créé à Rome. Son nom lui vient d'un restaurateur célèbre,
Alfredo, qui se servait, paraît-il, d'une cuillère et d'une fourchette en or pour mélanger les pâtes à la sauce avant de les
servir à ses clients.

INGRÉDIENTS

Pour des pâtes maison faites avec 3 œufs (voir page 36)
ou **500 g de pâtes sèches du commerce**

45 g de beurre
25 cl de crème fraîche épaisse
1 pincée de noix muscade
60 g de parmigiano-reggiano, râpé
Sel et poivre du moulin

PRÉPARATION

1 Dans une grande marmite, portez à ébullition
4 litres d'eau.

2 Dans une sauteuse, faites mijoter le beurre et la
crème fraîche, à feu moyen, jusqu'à ce que la crème
ait presque réduit de moitié. Ajoutez la noix muscade, un peu de sel et quelques tours du moulin à
poivre. Otez la sauteuse du feu.

3 Versez 1 cuillerée à soupe de sel dans l'eau
bouillante, plongez-y les pâtes en une seule fois, et
remuez. Lorsque les pâtes sont al dente, égouttez-les
et mettez-les dans la sauteuse.

4 Parsemez de fromage râpé et mélangez bien, afin
que les pâtes soient bien enrobées de sauce. Goûtez,
rectifiez l'assaisonnement si nécessaire, et servez
aussitôt.

Beurre

Crème fraîche épai...

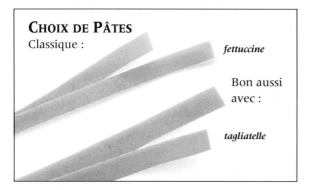

CHOIX DE PÂTES
Classique :

fettuccine

Bon aussi
avec :

tagliatelle

Fettuccine all'Alfredo

Parimigiano-
reggiano

Poivre noir

Noix muscade

Sel

65

SPAGHETTI ALLA
CARBONARA

Spaghetti à la pancetta et aux œufs

Ce plat donne lieu à de multiples variantes qui font appel à la crème fraîche. La recette que je tiens de ma mère s'en passe, et c'est ainsi que je la préfère, la consistance crémeuse des œufs et du fromage donnant suffisamment d'onctuosité aux pâtes chaudes. Je la trahis toutefois sur un point, car je n'utilise que le jaune d'œuf au lieu de l'œuf entier, un peu trop riche à mon goût. A défaut de pancetta, vous pouvez acheter du lard de bonne qualité, bien maigre et non fumé.

vin blanc

INGRÉDIENTS

Pour 500 g de pâtes sèches du commerce

30 g de beurre
2 cuillerées à soupe d'huile d'olive vierge
125 g de pancetta, découpée en fins lardons
de 5 mm d'épaisseur environ
6 cuillerées à soupe de vin blanc sec
4 jaunes d'œufs
3 cuillerées à soupe de parmigiano-reggiano, râpé
1 cuillerée à soupe de pecorino romano, râpé
1 cuillerée à soupe de persil plat, finement haché
Sel et poivre du moulin

Pancetta

PRÉPARATION

1 Dans une grande marmite, portez à ébullition 4 litres d'eau.

2 Dans une petite poêle, faites chauffer le beurre et l'huile, à feu moyen. Quand le beurre a complètement fondu, ajoutez la pancetta et laissez-la dorer légèrement. Versez le vin blanc, et poursuivez la cuisson jusqu'à ce qu'il ait réduit de moitié. Otez la poêle du feu.

3 Lorsque l'eau bout, ajoutez 1 cuillerée à soupe de sel et plongez-y les pâtes en une seule fois. Remuez bien.

4 Dans un récipient suffisamment grand pour contenir les pâtes, battez légèrement les jaunes d'œufs avec les deux fromages râpés et le persil. Ajoutez 1 pincée de sel et donnez plusieurs tours du moulin à poivre.

5 Quand les pâtes sont al dente, remettez la pancetta sur feu vif. Égouttez les pâtes, puis mettez-les dans le récipient contenant les œufs et le fromage. Mélangez bien, parsemez de dés de pancetta brûlante et servez aussitôt.

Huile d'olive vierge

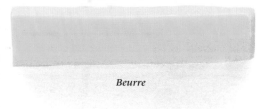

Beurre

CHOIX DE PÂTES
Classique :

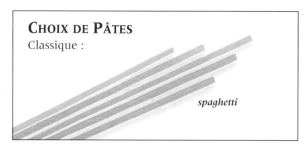

spaghetti

Parmigiano-reggiano

Pecorino romano

Persil plat

Sel

Poivre noir

Jaunes d'œufs

**Spaghetti
alla carbonara**

SPAGHETTI ALLE
VONGOLE

Spaghetti aux palourdes

D ans cette recette traditionnelle, j'ai simplement remplacé les coques par des palourdes. Pour accroître la saveur des spaghetti, il suffit de terminer leur cuisson dans la sauce, afin qu'ils s'imprègnent au maximum du jus des coquillages. Veillez à ce que les palourdes soient d'une extrême fraîcheur : jetez celles qui, lorsqu'elles sont entrouvertes, ne se referment pas quand vous les touchez, car cela signifie qu'elles sont mortes.

Piment
concassé

INGRÉDIENTS

Pour 500 g de pâtes sèches du commerce

6 cuillerées à soupe d'huile d'olive vierge
1 cuillerée à café d'ail, finement haché
1 cuillerée à soupe de persil plat,
finement haché
1 pincée de piment séché, concassé
4 douzaines de palourdes fraîches, coquilles grattées
et bien rincées
6 cuillerées à soupe de vin blanc sec
30 g de beurre
Sel

Persil plat

PRÉPARATION

1 Dans une grande sauteuse, faites chauffer l'huile avec l'ail, à feu moyen, jusqu'à ce que celui-ci commence à frémir. Incorporez le piment concassé et le persil haché.

2 Ajoutez les palourdes, 1 pincée de sel et le vin blanc. Laissez cuire 1 minute, en remuant, pour que l'alcool s'évapore, puis couvrez la sauteuse : la vapeur fera s'ouvrir les palourdes.

3 Pendant ce temps, dans une marmite, portez à ébullition 4 litres d'eau.

4 Vérifiez souvent la cuisson des palourdes. Lorsqu'elles sont toutes ouvertes, ôtez la sauteuse du feu.

5 Mettez 1 cuillerée à soupe de sel dans l'eau bouillante, puis plongez-y les pâtes en une seule fois. Remuez bien. Quand les pâtes sont molto al dente, soit 1 minute environ avant d'être al dente, égouttez-les.

6 Remettez aussitôt les palourdes sur feu moyen, puis incorporez les pâtes, afin qu'elles finissent de cuire dans leur jus. Quand celles-ci seront al dente, il devra rester très peu de liquide (vous en contrôlerez le niveau en couvrant ou en découvrant la sauteuse en cours de cuisson). Ajoutez le beurre, mélangez et servez aussitôt.

Ail

Huile d'olive vierge

CHOIX DE PÂTES
Classique :

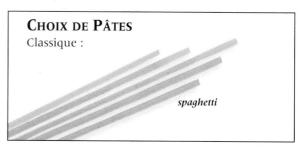

spaghetti

Palourdes

Sel

Vin blanc

Beurre

**Spaghetti
alle vongole**

RECETTES

Dans ce chapitre, les recettes – classiques ou nouvelles – sont regroupées par type de pâtes. Elles proposent une approche simple des saveurs caractéristiques de la cuisine italienne. Vous trouverez ici des plats chauds et froids, des soupes, et même un dessert. Chaque recette est présentée avec un choix de pâtes et différentes suggestions pour les accommoder.

Chaque recette est prévue pour 4 ou 6 personnes, selon que les pâtes constituent ou non le plat principal.

Pour la préparation détaillée des légumes, voir pages 150-151.

PASTA LUNGA

Pâtes Longues

SPAGHETTINI ALLE ERBE

Spaghettini à l'ail et aux herbes fraîches

Dans certaines sauces on incorpore de la chapelure, comme dans cette recette, afin qu'elles adhèrent mieux aux pâtes.

INGRÉDIENTS

Pour 500 g de spaghettini

8 cuillerées à soupe d'huile d'olive vierge
1 cuillerée à café d'ail, finement haché
2 cuillerées à soupe de persil plat, finement haché
1/2 cuillerée à café de romarin frais, finement haché
1/2 cuillerée à café de thym frais, finement haché
1 cuillerée à café de basilic frais, haché
2 cuillerées à soupe de chapelure
Sel et poivre du moulin

PRÉPARATION

1 Dans une grande marmite, portez à ébullition 4 litres d'eau. Ajoutez 1 cuillerée à soupe de sel, et plongez-y les pâtes en une seule fois. Remuez bien.
2 Dans une sauteuse, faites revenir l'ail dans l'huile, à feu moyen, jusqu'à ce qu'il se colore.
3 Incorporez le persil, le romarin et le thym. Assaisonnez de sel et de poivre. Au bout de 30 secondes, ôtez la sauteuse du feu.
4 Lorsque les pâtes sont al dente, égouttez-les, puis transvasez-les dans la sauteuse et remettez celle-ci sur feu doux.
5 Ajoutez le basilic et mélangez bien, afin que les pâtes soient bien enrobées de sauce. Parsemez de chapelure, remuez, rectifiez l'assaisonnement si nécessaire et servez aussitôt.

Bon aussi avec : *spaghetti*

SPAGHETTINI ALLA NURSINA

Spaghettini aux truffes noires

Ce plat doit son nom à Norcia, ville du centre de l'Italie, située au cœur d'une région productrice de truffes noires. Bien que la truffe blanche d'Alba soit considérée comme l'aristocrate des truffes, sa cousine noire n'est pas à négliger, loin de là. Pour moi, il n'y a rien de plus savoureux que des spaghettini imprégnés de son subtil arôme boisé.

INGRÉDIENTS

Pour 500 g de spaghettini

8 cuillerées à soupe d'huile d'olive vierge
2 ou 3 gousses d'ail entières,
pelées et légèrement écrasées
2 filets d'anchois, finement hachés
125 à 150 g de truffes noires fraîches (ou en conserve d'excellente qualité), finement râpées
Sel

PRÉPARATION

1 Dans une grande marmite, portez à ébullition 4 litres d'eau. Ajoutez 1 cuillerée à soupe de sel, et plongez-y toutes les pâtes en une seule fois. Remuez bien.
2 Dans une sauteuse, faites revenir l'ail, à feu moyen, dans l'huile, jusqu'à ce qu'il soit bien doré.
3 Jetez l'ail, puis baissez le feu. Ajoutez les anchois et remuez à la cuillère en bois jusqu'à ce qu'ils aient complètement fondu. Otez la sauteuse du feu, incorporez les truffes et assaisonnez d'une légère pincée de sel.
4 Lorsque les pâtes sont cuites al dente, égouttez-les et mettez-les dans la sauteuse. Mélangez soigneusement, rectifiez l'assaisonnement si nécessaire et servez aussitôt.

SPAGHETTINI AI GAMBERI, POMODORO E CAPPERI

Spaghettini aux crevettes, aux tomates et aux câpres

INGRÉDIENTS

Pour 500 g de spaghettini

6 cuillerées à soupe d'huile d'olive vierge
1 gros oignon (125 g), coupé en fins quartiers
500 g de tomates mûres, pelées, épépinées
et coupées en dés de 1 cm
1 cuillerée à café d'origan frais haché
(ou 1/2 cuillerée à café d'origan séché)
1 1/2 cuillerée à soupe de câpres
350 g de crevettes moyennes crues, décortiquées
et coupées en morceaux de 1 cm
Sel et poivre du moulin

PRÉPARATION

1 Dans une grande sauteuse, faites revenir l'oignon dans l'huile, à feu moyen, jusqu'à ce qu'il soit doré.

2 Ajoutez les tomates et faites cuire à feu vif pour que le maximum de liquide s'évapore, en veillant à ce qu'elles n'attachent pas et ne se réduisent pas en purée.

3 Pendant ce temps, dans une grande marmite, portez à ébullition 4 litres d'eau. Ajoutez 1 cuillerée à soupe de sel, et plongez-y les pâtes en une seule fois. Remuez bien.

4 Incorporez l'origan, les câpres et les crevettes aux tomates, puis assaisonnez de sel et de poivre. Poursuivez la cuisson, 2 minutes environ jusqu'à ce que les crevettes deviennent roses. Otez la sauteuse du feu.

5 Lorsque les pâtes sont al dente, égouttez-les et mettez-les dans la sauce. Mélangez bien et servez aussitôt.

Bon aussi avec : *spaghetti*

SPAGHETTINI ALLE OLIVE NERE

Spaghettini aux tomates et aux olives noires

INGRÉDIENTS

Pour 500 g de spaghettini

6 cuillerées à soupe d'huile d'olive vierge
2 cuillerées à café d'ail, finement haché
2 cuillerées à soupe de persil plat, finement haché
500 g de tomates entières en boîte, grossièrement hachées,
avec leur jus
8 à 10 olives noires, dénoyautées et coupées en morceaux
Sel et poivre noir du moulin

PRÉPARATION

1 Dans une grande poêle, faites revenir l'ail, à feu moyen, dans l'huile jusqu'à ce qu'il se colore.
2 Ajoutez le persil et les tomates. Assaisonnez de sel et de poivre. Laissez mijoter jusqu'à ce que les tomates aient bien réduit. Otez la poêle du feu.

Vous pouvez préparer cette sauce tomate à l'avance et la conserver au réfrigérateur, ou bien la congeler.

3 Dans une grande marmite, portez à ébullition 4 litres d'eau. Mettez 1 cuillerée à soupe de sel, et plongez-y les pâtes en une seule fois. Remuez bien.
4 Remettez la sauce tomate sur feu doux, ajoutez les olives noires et mélangez.
5 Lorsque les pâtes sont al dente, égouttez-les et incorporez-les à la sauce. Rectifiez l'assaisonnement si nécessaire et servez aussitôt.

Bon aussi avec : *spaghetti*

SPAGHETTI AI GAMBERI E PEPERONI ARROSTO

Spaghetti aux crevettes et aux poivrons grillés

INGRÉDIENTS

Pour 500 g de spaghetti

2 poivrons rouges
3 cuillerées à soupe d'huile d'olive vierge
1 cuillerée à café d'ail, finement haché
250 g de crevettes moyennes crues, décortiquées et coupées
en morceaux de 1 cm
18 cl de crème fraîche épaisse
1 cuillerée à soupe de persil plat, finement haché
Sel et poivre du moulin

PRÉPARATION

1 Passez les poivrons sous le gril du four ou sur la flamme d'un réchaud jusqu'à ce que la peau soit uniformément grillée. Mettez-les dans un récipient et couvrez-les avec un torchon. Au bout de 20 minutes, enlevez la peau des poivrons, coupez-les en deux, puis ôtez la queue et les graines. Coupez-les en carrés de 2 centimètres.
2 Dans une grande marmite, portez à ébullition 4 litres d'eau. Ajoutez 1 cuillerée à soupe de sel, et plongez-y les pâtes en une seule fois. Remuez bien.
3 Dans une grande sauteuse, faites revenir l'ail, à feu moyen, dans l'huile, jusqu'à ce qu'il se colore. Incorporez les crevettes, assaisonnez de sel et de poivre, et faites sauter 2 minutes environ, en remuant souvent, jusqu'à ce que les crevettes deviennent roses.
4 Ajoutez les poivrons, puis la crème fraîche et le persil. Mélangez. Laissez mijoter jusqu'à ce que la crème ait réduit de moitié. Otez la sauteuse du feu.
5 Lorsque les pâtes sont al dente, remettez la sauteuse sur feu doux. Mélangez les pâtes préalablement égouttées à la sauce chaude, rectifiez l'assaisonnement au besoin et servez aussitôt.

Bon aussi avec : *fusilli lunghi, fettuccine*

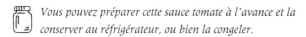

SPAGHETTINI AI GAMBERI E FINNOCHIO

Spaghettini aux crevettes et au fenouil

INGRÉDIENTS

Pour 500 g de spaghettini

6 cuillerées à soupe d'huile d'olive vierge
2 cuillerées à café d'ail, finement haché
350 g de fenouil frais, bulbes finement émincés
500 g de tomates mûres (roma), pelées, épépinées et coupées
en dés de 1 cm
1 cuillerée à café de marjolaine fraîche (ou 1/2 cuillerée à café
de marjolaine séchée)
350 g de crevettes moyennes crues, décortiquées et coupées
en morceaux de 1 cm
Sel et poivre du moulin

PRÉPARATION

1 Dans une sauteuse, faites revenir l'ail, à feu moyen, dans l'huile, jusqu'à ce qu'il se colore. Ajoutez le fenouil, en remuant avec une cuillère en bois pour bien l'enrober d'huile, puis 3 cuillerées à soupe d'eau. Baissez légèrement le feu, couvrez la sauteuse et laissez mijoter de 15 à 20 minutes, jusqu'à ce que le fenouil soit tendre.

2 Dans une grande marmite, portez à ébullition 4 litres d'eau.

3 Otez le couvercle de la sauteuse, augmentez le feu, puis ajoutez les tomates. Faites-les cuire, à découvert, jusqu'à évaporation complète du liquide.

4 Versez 1 cuillerée à soupe de sel dans l'eau bouillante, et plongez-y les pâtes en une seule fois. Remuez bien.

5 Incorporez la marjolaine et les crevettes à la sauce. Mélangez, puis assaisonnez de sel et de poivre. Prolongez la cuisson 2 minutes environ, jusqu'à ce que les crevettes deviennent roses. Otez la sauteuse du feu.

6 Lorsque les pâtes sont al dente, égouttez-les et mettez-les dans la sauce. Mélangez, rectifiez l'assaisonnement si nécessaire et servez aussitôt.

Bon aussi avec : *spaghetti, fusilli lunghi*

SPAGHETTI AL SUGO DI CIPOLLE VARIE

Spaghetti aux poireaux, aux échalotes et aux oignons rouges

INGRÉDIENTS

Pour 500 g de spaghetti

8 cuillerées à soupe d'huile d'olive vierge
4 cuillerées à soupe d'échalotes, finement hachées
250 g d'oignons rouges, finement émincés
350 g de blancs de poireau, coupés en fines lanières
4 cuillerées à soupe de vin blanc sec
2 cuillerées à soupe de persil plat, finement haché
6 cuillerées à soupe de parmigiano-reggiano, râpé
Sel et poivre du moulin

PRÉPARATION

1 Dans une sauteuse, faites revenir les échalotes, à feu moyen, dans l'huile, jusqu'à ce qu'elles commencent à se colorer.

2 Ajoutez les oignons et les poireaux. Remuez, puis assaisonnez généreusement de sel et de poivre. Laissez mijoter, à couvert, pendant 20 à 30 minutes, jusqu'à ce que les oignons et les poireaux soient bien tendres.

3 Dans une grande marmite, portez à ébullition 4 litres d'eau.

4 Otez le couvercle de la sauteuse et augmentez légèrement le feu. Poursuivez la cuisson, à découvert, en remuant de temps en temps, jusqu'à ce que tout le liquide se soit évaporé, et que les oignons et les poireaux aient une belle couleur dorée.

5 Mettez 1 cuillerée à soupe de sel dans l'eau bouillante, puis plongez-y les pâtes en une seule fois. Remuez bien.

6 Incorporez le vin blanc et le persil à la sauce, et poursuivez la cuisson jusqu'à ce que le vin soit presque entièrement évaporé. Otez la sauteuse du feu.

7 Lorsque les pâtes sont al dente, égouttez-les et mettez-les dans la sauce. Ajoutez le fromage râpé et mélangez. Rectifiez l'assaisonnement si nécessaire.

Bon aussi avec : *spaghettini, tonnarelli, fusilli lunghi*

FUSILLI LUNGHI ALLA RUSTICA

*Fusilli longs aux poivrons, aux tomates,
aux oignons et aux olives vertes*

*Je tiens de ma mère la recette de cette sauce savoureuse bien
relevée, que j'affectionne particulièrement. Je n'y ai apporté
que des modifications mineures.*

INGRÉDIENTS

Pour 500 g de fusilli lunghi

*8 cuillerées à soupe d'huile d'olive vierge
350 g d'oignons, finement émincés
1 cuillerée à café d'ail, finement haché
1/2 cuillerée à café de piment séché, concassé
2 cuillerées à soupe de persil plat, haché
90 g de pancetta, détaillée en lanières de 6 mm d'épaisseur
1 gros poivron rouge ou jaune (ou une moitié de chaque),
épépiné, pelé et coupé en lanières de 1 cm de large
500 g de tomates mûres (roma), pelées, épépinées
et coupées en dés de 1 cm
90 g d'olives vertes, dénoyautées et coupées en morceaux
2 cuillerées à soupe de câpres
1 cuillerée à café d'origan frais haché
(ou 1 cuillerée à café d'origan séché)
2 cuillerées à soupe de feuilles de basilic, hachées
4 cuillerées à soupe de parmigiano-reggiano, râpé
2 cuillerées à soupe de pecorino romano, râpé
Sel*

PRÉPARATION

1 Dans une grande sauteuse, faites revenir l'oignon, à feu moyen, dans l'huile, jusqu'à ce qu'il se colore.
2 Augmentez légèrement le feu. Ajoutez l'ail, le piment et le persil. Laissez revenir 30 secondes. Incorporez la pancetta et faites-la légèrement dorer.
3 Dans une grande marmite, portez à ébullition 4 litres d'eau.
4 Mettez les lanières de poivron dans la sauteuse et faites-les cuire de 5 à 6 minutes, en remuant de temps en temps, jusqu'à ce qu'elles soient tendres. Ajoutez les tomates et poursuivez la cuisson 5 minutes, jusqu'à ce que tout le liquide soit évaporé.
5 Assaisonnez de sel, puis incorporez les olives, les câpres, l'origan et le basilic. Mélangez 30 secondes et ôtez la sauteuse du feu.
6 Mettez 1 cuillerée à soupe de sel dans l'eau bouillante et plongez-y les pâtes en une seule fois. Remuez bien.
7 Lorsque les pâtes sont al dente, égouttez-les et mettez-les dans la sauce. Ajoutez les fromages râpés et mélangez. Rectifiez l'assaisonnement si nécessaire et servez aussitôt.

Bon aussi avec : *fusilli corti, penne, elicoidali*

Poivron rouge

Poivron jaune

Pancetta

Persil plat

Piment concassé

Ail

Oignon

Huile d'olive vierge

*Tomates
fraîches
(roma)*

Sel

*Olives
vertes*

Câpres

Origan

Basilic

*Parmigiano-
reggiano*

*Pecorino
romano*

*Fusilli
lunghi*

**Fusilli lunghi
alla rustica**

SPAGHETTI AI FRUTTI DI MARE

Spaghetti aux fruits de mer

Les recettes de pâtes aux fruits de mer abondent en Italie, en raison de sa situation géographique. Celle qui suit séduit de nombreux amateurs, tant sur la côte adriatique que sur la côte méditerranéenne.

INGRÉDIENTS

Pour 500 g de spaghetti

350 g de calmars frais
12 petites palourdes fraîches
12 moules fraîches
125 g de noix de saint-jacques fraîches, sans corail
125 g de crevettes moyennes crues
6 cuillerées à soupe d'huile d'olive vierge
1 cuillerée à café d'ail, finement haché
1 cuillerée à soupe de persil plat, haché
5 cuillerées à soupe de vin blanc
500 g de tomates pelées en boîte, grossièrement hachées, avec leur jus
1 pincée de piment séché, concassé
Sel

PRÉPARATION

1 Préparez les calmars comme indiqué ci-dessus. Coupez les tentacules en deux et les corps en anneaux.

2 Nettoyez les palourdes et les moules : faites-les tremper dans l'eau 5 minutes, puis grattez les coquilles sous le robinet. Jetez toutes celles qui sont ouvertes. Otez le byssus des moules et le corail des coquilles Saint-Jacques. Décortiquez les crevettes et coupez-les en deux.

3 Dans une grande sauteuse, faites chauffer l'huile à feu moyen. Ajoutez l'ail, puis, quand il commence à grésiller, le persil et les calmars. Laissez revenir 1 à 2 minutes, en remuant.

4 Versez le vin blanc et poursuivez la cuisson jusqu'à ce qu'il ait réduit de moitié.

5 Incorporez les tomates. Au premier bouillon, baissez le feu, couvrez la sauteuse et laissez mijoter au moins 45 minutes, jusqu'à ce que les calmars soient bien tendres. S'il n'y a presque plus de liquide en fin de cuisson, ajoutez un peu d'eau.

6 Quand les calmars sont cuits, salez légèrement, mais pas avant, sinon leur chair durcirait. Otez la sauteuse du feu.

7 Dans une grande marmite, portez à ébullition 4 litres d'eau. Ajoutez 1 cuillerée à soupe de sel, et plongez-y les pâtes en une seule fois. Remuez bien.

8 Remettez la sauce sur le feu. Ajoutez le piment, les palourdes et les moules, puis au bout de

PRÉPARER UN CALMAR

1 *Rincez le calmar. Ensuite, enlevez la poche intérieure en tirant sur la tête pour la détacher du corps : la poche intérieure viendra avec la tête.*

2 minutes environ, lorsqu'elles commencent à s'ouvrir, les coquilles Saint-Jacques et les crevettes. Assaisonnez de sel, ajoutez un filet d'huile d'olive et laissez cuire encore 2 à 3 minutes. Otez la sauteuse du feu.

9 Lorsque les pâtes sont al dente, égouttez-les et mettez-les dans un plat de service préchauffé. Ajoutez la sauce (laissez leurs coquilles aux palourdes et aux moules), mélangez, rectifiez l'assaisonnement si nécessaire et servez aussitôt.

Palourdes

Crevette

Moule

Coquille Saint-Jacque

2 Séparez les tentacules de la tête et de la poche intérieure en tranchant au-dessus des yeux. Gardez les tentacules, qui sont comestibles, et jetez le reste.

3 Otez le bec, qui forme une petite arête dure au milieu des tentacules : localisez-le du bout des doigts, tenez-le fermement et arrachez-le.

4 Retirez la plume dorsale transparente du calmar, puis la peau (il est plus facile d'exécuter cette opération sous un filet d'eau courante). Rincez bien.

Spaghetti ai frutti di mare

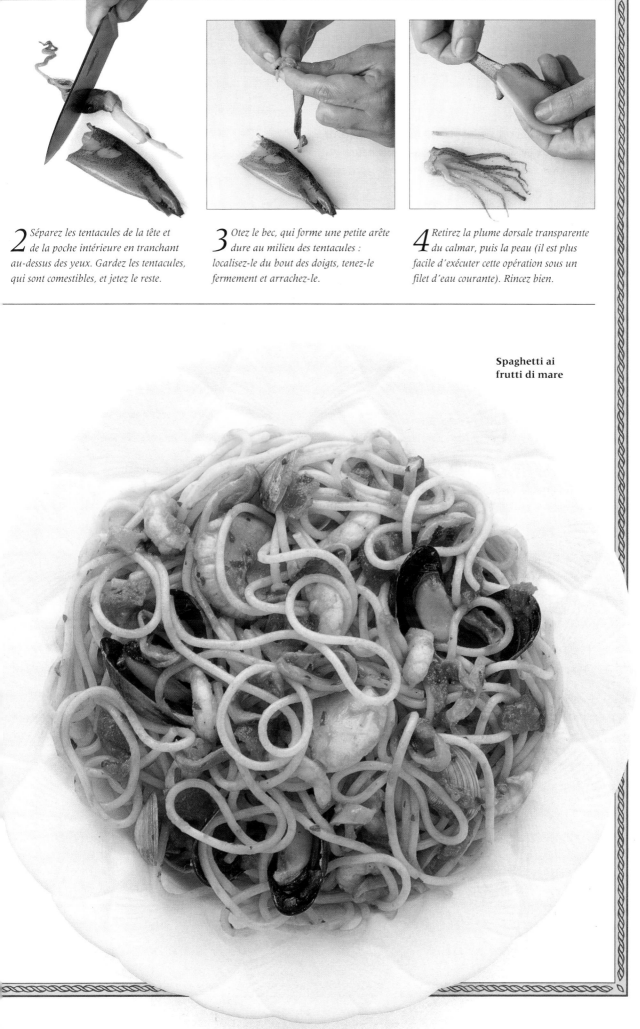

LINGUINE AL SUGO DI VONGOLE E ZUCCHINE

Linguine aux palourdes et aux courgettes

Les courgettes et les fruits de mer forment un savoureux mélange, très répandu dans la région côtière des environs de Naples. Paradoxalement, bien qu'ils soient très appréciés ailleurs, les linguine ne sont pas fréquemment utilisés dans la cuisine italienne. La forme et la consistance de ces pâtes sont idéales pour cette sauce.

INGRÉDIENTS

Pour 500 g de linguine

*8 cuillerées à soupe d'huile d'olive vierge
100 g d'oignon, finement haché
2 cuillerées à café d'ail, finement haché
500 g de petites courgettes, coupées en dés de 1 cm de côté
6 cuillerées à soupe de vin blanc sec
36 à 48 palourdes fraîches (selon grosseur), coquilles grattées et bien lavées
2 cuillerées à soupe de feuilles de basilic frais, coupées en petits morceaux
Sel et poivre du moulin*

PRÉPARATION

1 Dans une grande sauteuse faites revenir l'oignon, à feu moyen, dans l'huile, jusqu'à ce qu'il prenne une belle coloration dorée.

2 Ajoutez l'ail, puis les courgettes. Assaisonnez de sel et de poivre. Baissez le feu et laissez cuire, en remuant de temps en temps, jusqu'à ce que les courgettes soient tendres et légèrement colorées.

3 Dans une grande marmite, portez à ébullition 4 litres d'eau.

4 Versez le vin blanc sur les courgettes, puis augmentez le feu. Laissez cuire 1 minute environ, afin que l'alcool s'évapore. Pendant ce temps, assurez-vous qu'aucune palourde n'est ouverte. Si c'est le cas, jetez-les.

5 Ajoutez les palourdes, mélangez, puis couvrez la sauteuse : elles s'ouvriront à la vapeur. Vérifiez souvent la cuisson, certaines d'entre elles, les plus fraîches, étant plus longues à s'ouvrir. Lorsque toutes les palourdes sont ouvertes, ôtez la sauteuse du feu.

6 Mettez 1 cuillerée à soupe de sel dans l'eau bouillante, puis plongez-y les pâtes en une seule fois. Remuez bien.

7 Lorsque les pâtes sont molto al dente, 1 minute environ avant le stade al dente, remettez la sauteuse sur feu moyen. Égouttez les pâtes et versez-les sur les palourdes.

8 Parsemez de basilic. Si le jus des palourdes est insuffisant, ajoutez 4 cuillerées à soupe d'eau au maximum. Couvrez la sauteuse et laissez cuire les pâtes jusqu'à ce qu'elles soient al dente. Il doit rester très peu de liquide ; dans le cas contraire, ôtez le couvercle et augmentez le feu, afin que le jus s'évapore. Servez aussitôt.

Bon aussi avec : *spaghetti*

SPAGHETTI ALLA FIORETTO

Spaghetti au flétan mariné

J'ai découvert cette recette originale à Latina, petite ville située au sud de Rome, dans un restaurant appelé Fioretto. Le poisson marine simplement dans du jus de citron, et la sauce ne cuit pas. Au dernier moment, on incorpore à celle-ci une pomme de terre écrasée pour lui donner une consistance plus épaisse. Ce plat délicieux, très léger, est idéal en été.

INGRÉDIENTS

Pour 500 g de spaghetti

*350 g de filet de flétan, coupé en dés de 1 cm
6 cuillerées à soupe de jus de citron
4 cuillerées à soupe d'oignon rouge, finement haché
1 pincée de piment séché, concassé
2 cuillerées à soupe de persil plat, haché
8 cuillerées à soupe d'huile d'olive vierge
1 pomme de terre moyenne, pelée
Sel*

PRÉPARATION

1 Mettez tous les ingrédients, à l'exception de la pomme de terre, dans un grand récipient. Assaisonnez généreusement de sel et mélangez bien. Laissez reposer à température ambiante pendant au moins 2 heures, en remuant de temps en temps.

2 Lorsque le poisson a suffisamment mariné, faites cuire la pomme de terre à l'eau jusqu'à ce qu'elle soit bien tendre.

3 Dans une grande marmite, portez à ébullition 4 litres d'eau. Ajoutez 1 cuillerée à soupe de sel, et plongez-y les pâtes en une seule fois. Remuez bien pour qu'elles ne se collent pas.

4 Écrasez la pomme de terre bouillie, puis incorporez-la aux autres ingrédients.

5 Lorsque les pâtes sont cuites al dente, égouttez-les soigneusement et mélangez-les avec la sauce. Rectifiez l'assaisonnement si nécessaire, et ajoutez un filet d'huile d'olive si la sauce vous paraît un peu sèche. Servez aussitôt.

SPAGHETTI AL TONNO FRESCO

Spaghetti au thon frais et aux poivrons grillés

INGRÉDIENTS

Pour 500 g de spaghetti

2 poivrons rouges
6 cuillerées à soupe d'huile d'olive vierge
60 g d'oignon, finement émincé
1 cuillerée à café d'ail, finement haché
250 g de thon frais, coupé en morceaux
de 1 cm de côté
4 cuillerées à soupe de vin blanc sec
1 cuillerée à soupe de persil plat, haché
2 cuillerées à soupe de câpres
Sel et poivre du moulin

PRÉPARATION

1 Passez les poivrons sous le gril du four ou sur la flamme d'un réchaud jusqu'à ce que la peau soit uniformément grillée. Mettez-les dans un récipient et couvrez-les avec un torchon ou du film plastique. Au bout de 20 minutes, ôtez la peau des poivrons, coupez-les en deux, puis enlevez la queue et les graines. Découpez la chair en fines lanières de 4 centimètres de long.

2 Dans une grande marmite, portez à ébullition 4 litres d'eau.

3 Dans une sauteuse, faites revenir l'oignon, à feu moyen, dans l'huile, jusqu'à ce qu'il dore.

4 Augmentez légèrement le feu et ajoutez l'ail. Faites-le revenir 1 minute, puis ajoutez le thon. Laissez cuire 1 à 2 minutes maximum, sans cesser de remuer, afin que le thon ne devienne pas trop sec. Assaisonnez de sel et de poivre.

5 Mettez 1 cuillerée à soupe de sel dans l'eau bouillante, puis plongez-y les pâtes en une seule fois. Remuez bien.

6 Mettez les lanières de poivron dans la sauteuse, remuez pendant 30 secondes, puis mouillez avec le vin blanc. Lorsque celui-ci a réduit, ajoutez le persil et les câpres. Otez la sauteuse du feu.

7 Lorsque les pâtes sont cuites al dente, égouttez-les soigneusement et mettez-les dans la sauce. Mélangez, rectifiez l'assaisonnement si nécessaire et servez aussitôt.

Bon aussi avec : *fusilli lunghi, spaghettini*

SPAGHETTI ALLE COZZE

Spaghetti aux moules

INGRÉDIENTS

Pour 500 g de spaghetti

6 cuillerées à soupe d'huile d'olive vierge
1 cuillerée à café d'ail, finement haché
1 pincée de piment séché, concassé
1 cuillerée à soupe de persil plat, haché
4 cuillerées à soupe de vin blanc sec
500 g de tomates mûres (roma), pelées, épépinées,
et coupées en dés de 1 cm
40 moules fraîches, bien lavées, coquilles grattées
et byssus ôté
2 cuillerées à soupe de basilic frais, haché
Sel

PRÉPARATION

1 Dans une grande marmite, mettez à bouillir 4 litres d'eau.

2 Dans une grande sauteuse, faites chauffer l'ail, à feu moyen, dans 4 cuillerées à soupe d'huile, jusqu'à ce qu'il blondisse. Ajoutez le piment, le persil et le vin blanc.

3 Au bout de 1 minute, lorsque l'alcool s'est totalement évaporé, ajoutez les tomates et assaisonnez de sel. Incorporez les moules, après vous être assuré qu'elles sont toutes fermées, et mélangez-les aux tomates. Couvrez la sauteuse : les coquillages s'ouvriront à la vapeur.

4 Mettez 1 cuillerée à soupe de sel dans l'eau bouillante, puis plongez-y les pâtes en une seule fois. Remuez bien.

5 Vérifiez souvent la cuisson des moules. Lorsqu'elles sont toutes ouvertes, parsemez de basilic et ôtez la sauteuse du feu.

6 Lorsque les pâtes sont molto al dente, 1 minute environ avant le stade al dente, remettez la sauteuse sur feu moyen. Égouttez les pâtes et incorporez-les aux moules pour qu'elles finissent de cuire. Il devra rester très peu de liquide quand elles seront al dente : vous en contrôlerez le niveau en couvrant ou en découvrant la sauteuse.

7 Versez le reste d'huile d'olive sur les pâtes, mélangez et servez aussitôt, en laissant leurs coquilles aux moules.

Spaghetti alle cozze
(page 81)

Bucatini alla sorrentina
(page 84)

Spaghetti al tonno fresco
(page 81)

BUCATINI ALLA SORRENTINA

Bucatini aux tomates, à la mozzarella et au basilic

Cette délicieuse recette est une spécialité de Campanie, région célèbre pour ses tomates parfumées et pour la mozzarella, fromage crémeux au lait de bufflonne. A défaut de ces savoureuses tomates, vous pouvez utiliser des tomates en boîte de bonne qualité. Je vous suggère également de remplacer la mozzarella au lait de bufflonne, onéreuse et difficile à se procurer, par une bonne mozzarella au lait de vache.

INGRÉDIENTS

Pour 500 g de bucatini

60 g de beurre
125 g d'oignon, finement émincé
500 g de tomates pelées en boîte, grossièrement hachées, avec leur jus
2 cuillerées à soupe de feuilles de basilic frais, coupées en petits morceaux
250 g de mozzarella, coupée en dés de 5 mm
Sel et poivre du moulin

PRÉPARATION

1 Dans une poêle, faites fondre le beurre, à feu moyen, et mettez-y l'oignon à revenir jusqu'à ce qu'il soit tendre et doré.

2 Ajoutez les tomates, puis assaisonnez de sel et de poivre. Laissez mijoter pendant 15 à 25 minutes, jusqu'à ce que les tomates aient réduit.

Vous pouvez préparer cette sauce à l'avance et la conserver au réfrigérateur, ou bien la congeler.

3 Ajoutez le basilic. Mélangez et poursuivez la cuisson 2 minutes.

4 Dans une grande marmite, portez à ébullition 4 litres d'eau. Mettez 1 cuillerée à soupe de sel, et plongez-y les pâtes en une seule fois. Remuez bien.

5 Au bout de 5 minutes, remettez la poêle contenant la sauce tomate sur feu doux. Lorsque les pâtes ont dépassé le stade molto al dente, 30 secondes avant d'être al dente, égouttez-les, puis mettez-les dans un plat de service. Nappez-les avec la sauce, parsemez de mozzarella et mélangez aussitôt. Couvrez le plat et laissez reposer 2 à 3 minutes avant de servir pour que le fromage fonde.

Bon aussi avec : *fusilli lunghi, spaghetti*

BUCATINI ALL' AMATRICIANA

Bucatini à la sauce tomate épicée

C'est une recette romaine classique. Si vous dégustez ce plat au restaurant, le serveur couvrira les pâtes avant de les déposer sur votre table, afin qu'elles s'imprègnent davantage de l'arôme du piment sous l'effet de la chaleur.

INGRÉDIENTS

Pour 500 g de bucatini

60 g de beurre
100 g d'oignon, finement haché
60 g de pancetta, en une tranche de 1 cm d'épaisseur découpée en fines lanières
500 g de tomates pelées en boîte, grossièrement hachées, avec leur jus
1 pincée de piment séché, concassé
6 cuillerées à soupe de parmigiano-reggiano, râpé
2 cuillerées à soupe de pecorino romano, râpé
Sel

PRÉPARATION

1 Dans une poêle, faites fondre la moitié du beurre, à feu doux. Faites-y revenir l'oignon jusqu'à ce qu'il dore. Ajoutez la pancetta et laissez-la dorer légèrement.

2 Mettez les tomates et le piment. Assaisonnez de sel et de poivre. Laissez mijoter pendant 20 à 30 minutes, jusqu'à ce que les tomates aient réduit. Otez la poêle du feu.

Vous pouvez préparer cette sauce à l'avance et la conserver au réfrigérateur.

3 Dans une grande marmite, portez à ébullition 4 litres d'eau. Ajoutez 1 cuillerée à soupe de sel, et plongez-y les pâtes en une seule fois.

4 Au bout de 5 minutes, remettez la poêle contenant la sauce pimentée sur feu doux. Lorsque les pâtes ont dépassé le stade molto al dente, 30 secondes avant d'être al dente, égouttez-les, puis mettez-les dans un plat de service. Ajoutez la sauce, le reste du beurre et les fromages râpés. Mélangez bien, couvrez le plat et laissez reposer 2 minutes avant de servir pour que le fromage fonde.

Bon aussi avec : *fusilli lunghi, penne lisce*

Bucatini coi Pomodori al Forno

Bucatini aux tomates cuites au four

Aussi loin que remontent mes souvenirs, ces tomates au four ont toujours fait partie de la cuisine familiale, et ma mère en donne la recette dans son premier livre de cuisine. Lorsque j'étais enfant, j'emportais des sandwichs à l'école, qu'elle garnissait de ces délicieuses tomates, de rôti de veau et d'aubergines frites, au grand étonnement de mes petits camarades de classe, qui devaient se contenter de jambon-fromage. La sauce ainsi obtenue agrémente les pâtes à merveille.

INGRÉDIENTS

Pour 500 g de bucatini

350 g de tomates mûres (roma)
1 cuillerée à café d'ail, finement haché
2 cuillerées à soupe de persil plat, haché
6 cuillerées à soupe d'huile d'olive vierge
4 cuillerées à soupe de parmigiano-reggiano, râpé
2 cuillerées à soupe de pecorino romano, râpé
Sel et poivre du moulin

PRÉPARATION

1 Préchauffez le four à 180 °C.
2 Coupez les tomates en deux et épépinez-les. Mettez les demi-tomates dans un plat à gratin, côté coupé vers le haut. Parsemez-les d'ail et de persil, assaisonnez de sel et de poivre, puis arrosez d'huile. Enfournez le plat et faites cuire pendant 1 heure environ, jusqu'à ce que les tomates commencent à brunir. Réservez le jus de cuisson.

 Vous pouvez préparer les tomates à l'avance et les conserver au réfrigérateur.

3 Dans une grande marmite, portez à ébullition 4 litres d'eau. Ajoutez 1 cuillerée à soupe de sel, et plongez-y les pâtes en une seule fois. Remuez bien.
4 Lorsque les tomates ont suffisamment refroidi pour être manipulées, ôtez-en la peau. Hachez grossièrement la chair dans une casserole, ajoutez le jus de cuisson réservé et faites cuire, à feu moyen, en remuant de temps en temps.
5 Lorsque les pâtes sont al dente, égouttez-les et mettez-les dans un plat de service. Nappez-les de sauce, ajoutez les fromages râpés et mélangez bien. Servez aussitôt.

Bon aussi avec : *spaghetti, penne, fusilli lunghi, fusilli corti, cavatappi*

Spaghetti Freddi coi Frutti di Mare

Salade de spaghetti aux crevettes et aux coquilles Saint-Jacques

Bien que les Italiens mangent rarement des pâtes froides, il existe toutefois quelques délicieuses recettes de salades de pâtes, dont l'un des charmes est de rafraîchir le palais lorsque la canicule n'incite pas aux agapes.

INGRÉDIENTS

Pour 500 g de spaghetti

2 poivrons rouges
2 cuillerées à soupe de vinaigre de vin rouge
125 g de crevettes moyennes crues
125 g de noix de saint-jacques crues, sans corail
5 cuillerées à soupe d'huile d'olive vierge
12 olives vertes, dénoyautées et coupées en morceaux
12 olives noires, dénoyautées et coupées en morceaux
2 cuillerées à café de marjolaine fraîche hachée
(ou 1 cuillerée à café de marjolaine séchée)
2 cuillerées à soupe de persil plat, haché
1 pincée de piment séché, concassé
2 cuillerées à soupe de jus de citron
Sel

PRÉPARATION

1 Passez les poivrons sous le gril du four ou sur la flamme d'un réchaud jusqu'à ce que la peau soit uniformément grillée. Mettez-les dans un récipient et couvrez-les avec un torchon. Au bout de 20 minutes, ôtez la peau des poivrons, coupez-les en deux, puis enlevez la queue et les graines. Découpez la chair en petits carrés de 1 centimètre.
2 Portez à ébullition 2 litres d'eau. Ajoutez 2 cuillerées à café de sel et le vinaigre, puis plongez-y les crevettes. Laissez frémir 1 à 2 minutes, et, quand les crevettes sont roses, sortez-les avec une écumoire. Réservez. Plongez les noix de saint-jacques dans la même eau, laissez-les cuire 2 à 3 minutes, sortez-les à l'aide d'une écumoire et réservez.
3 Lorsque les crevettes sont suffisamment froides, décortiquez-les. Découpez les noix de saint-jacques et les crevettes en morceaux de 1 centimètre.
4 Dans une grande marmite, portez à ébullition 4 litres d'eau. Ajoutez 1 cuillerée à soupe de sel, et plongez-y les pâtes en une seule fois. Remuez bien.
5 Lorsque les pâtes ont dépassé le stade molto al dente, environ 30 secondes avant d'être al dente, égouttez-les et mettez-les dans un saladier. Arrosez avec l'huile d'olive et mélangez bien. Ajoutez le reste des ingrédients, puis mélangez de nouveau. Laissez refroidir complètement, à température ambiante, avant de servir.

SPAGHETTI ALLA CHECCA

*Spaghetti aux tomates, aux herbes
et à la mozzarella*

*J'ai découvert ce plat estival, très léger, à Positano, près
de Naples, dans un restaurant appelé Cambusa.
Il est agrémenté d'une sauce où les ingrédients sont
simplement nappés d'huile d'olive brûlante avant d'être
mélangés aux pâtes.*

INGRÉDIENTS

Pour 500 g de spaghetti

*1 kg de tomates mûres (roma), pelées, épépinées
et coupées en petits dés
250 g de mozzarella, coupée en petits dés
2 cuillerées à café de basilic frais, haché
2 cuillerées à café d'origan frais, haché
2 cuillerées à café de marjolaine fraîche, hachée
1 cuillerée à café de thym frais, haché
8 cuillerées à soupe d'huile d'olive vierge
Sel et poivre du moulin*

PRÉPARATION

1 Dans une grande marmite, portez à ébullition
4 litres d'eau. Ajoutez 1 cuillerée à soupe de sel, et
plongez-y les pâtes en une seule fois. Remuez bien.

2 Mettez les tomates, la mozzarella et toutes les
herbes dans un grand plat de service pouvant contenir les pâtes. Assaisonnez de sel et de poivre. Mélangez bien.

3 Faites chauffer l'huile d'olive jusqu'à ce qu'elle
fume et versez-la sur les ingrédients de la sauce.

4 Lorsque les pâtes ont dépassé le stade molto al
dente, 30 secondes environ avant d'être al dente,
égouttez-les et mettez-les dans le plat de service.
Mélangez-les bien à la sauce. Couvrez le plat et laissez reposer 2 minutes avant de servir, pour que le
fromage fonde.

Origa

Basilic

Mozzarella

Tomates fraîches (roma)

Thym

Sel

*Poivre
noir*

*Huile d'olive
vierge*

Spaghetti

Marjolaine

**Spaghetti
alla checca**

FUSILLI LUNGHI CON LA BELGA E PORRI

*Fusilli longs à l'endive, aux poireaux
et au poivron rouge grillé*

INGRÉDIENTS

Pour 500 g de fusilli lunghi

*1 poivron rouge
6 cuillerées à soupe d'huile d'olive vierge
1 cuillerée à café d'ail, finement haché
3 poireaux moyens, coupés en deux dans le sens de la longueur,
puis en tronçons de 5 mm
1 endive (60 g), émincée en fines lanières
dans le sens de la longueur
Sel et poivre du moulin*

PRÉPARATION

1 Passez le poivron sous le gril du four ou sur la flamme d'un réchaud jusqu'à ce que la peau soit uniformément grillée. Mettez-le dans un récipient et couvrez-le avec un torchon. Au bout de 20 minutes, ôtez la peau du poivron, coupez-le en deux, puis enlevez la queue et les graines. Découpez la chair en fines lanières de 2,5 cm de long.

2 Versez l'huile d'olive dans une sauteuse et faites-y revenir l'ail, à feu moyen. Quand il commence à se colorer, ajoutez les poireaux et l'endive. Assaisonnez de sel et de poivre, remuez bien. Baissez légèrement le feu, couvrez la sauteuse et laissez mijoter pendant au moins 20 minutes, jusqu'à ce que les légumes soient bien tendres.

3 Dans une grande marmite, portez à ébullition 4 litres d'eau. Ajoutez 1 cuillerée à soupe de sel et plongez-y les pâtes en une seule fois. Remuez bien.

4 Otez le couvercle de la sauteuse, augmentez le feu, puis incorporez les lanières de poivron aux autres légumes. Poursuivez la cuisson 2 à 3 minutes et réservez hors du feu.

5 Lorsque les pâtes sont al dente, égouttez-les et mélangez-les à la sauce aux légumes. Rectifiez l'assaisonnement si nécessaire et servez aussitôt.

Bon aussi avec : *spaghetti, gnocchi, conchiglie*

SPAGHETTI AL POMODORO

Spaghetti aux tomates, aux carottes et au céleri

INGRÉDIENTS

Pour 500 g de spaghetti

*60 g de beurre
4 cuillerées à soupe d'oignon, finement haché
4 cuillerées à soupe de petits dés de carotte
4 cuillerées à soupe de petits dés de céleri
500 g de tomates pelées en boîte, grossièrement hachées,
avec leur jus
6 cuillerées à soupe de parmigiano-reggiano, râpé
Sel*

PRÉPARATION

1 Dans une sauteuse, faites fondre le beurre, à feu moyen. Faites-y revenir l'oignon jusqu'à ce qu'il soit tendre et doré. Ajoutez la carotte et le céleri, et poursuivez la cuisson jusqu'à ce qu'ils brunissent légèrement.

2 Incorporez les tomates. Salez et laissez mijoter de 20 à 30 minutes, jusqu'à ce que les tomates aient réduit.

 Vous pouvez préparer cette sauce à l'avance et la conserver au réfrigérateur, ou bien la congeler.

3 Dans une grande marmite, portez à ébullition 4 litres d'eau. Ajoutez 1 cuillerée à soupe de sel, et plongez-y les pâtes en une seule fois. Remuez bien.

4 Lorsque les pâtes sont al dente, remettez la sauteuse sur feu moyen. Égouttez les pâtes et mélangez-les bien à la sauce. Rectifiez l'assaisonnement si nécessaire, puis parsemez de fromage râpé et servez aussitôt.

Bon aussi avec : *penne, fusilli lunghi, fusilli corti, spaghettini*

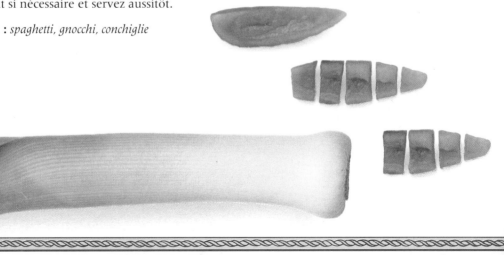

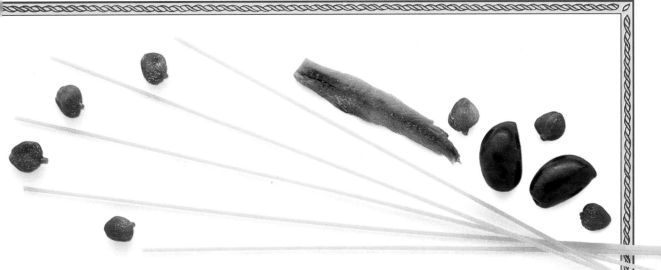

SPAGHETTI ALLA PUTTANESCA BIANCA

Spaghetti aux câpres, aux olives et aux anchois

Cette variante de la sauce alla puttanesca est qualifiée de blanche parce qu'elle ne comporte pas de tomates.

INGRÉDIENTS

Pour 500 g de spaghetti

8 cuillerées à soupe d'huile d'olive vierge
6 filets d'anchois, hachés
1 cuillerée à café d'ail, finement haché
1 cuillerée à soupe de persil plat, haché
2 cuillerées à soupe de câpres
8 à 10 olives noires, dénoyautées et coupées en morceaux
2 cuillerées à soupe de chapelure
Sel

PRÉPARATION

1 Dans une grande marmite, portez à ébullition 4 litres d'eau. Ajoutez 1 cuillerée à soupe de sel, et plongez-y les pâtes en une seule fois. Remuez bien.
2 Versez l'huile dans une sauteuse et faites-y revenir les anchois, à feu moyen, en remuant fréquemment avec une cuillère en bois, jusqu'à ce qu'ils aient fondu.
3 Ajoutez l'ail et poursuivez la cuisson jusqu'à ce qu'il se colore.
4 Incorporez le persil, les câpres et les olives. Assaisonnez d'un peu de sel et laissez cuire encore 1 à 2 minutes. Otez la sauteuse du feu.
5 Lorsque les pâtes sont al dente, égouttez-les et mélangez-les à la sauce, en ajoutant la chapelure. Rectifiez l'assaisonnement si nécessaire et servez aussitôt.

Bon aussi avec : *spaghettini*

SPAGHETTI AL COGNAC

Spaghetti aux tomates et au cognac

Ce plat est une invention d'Alfredo, le célèbre chef romain auquel on doit les fettuccine all'Alfredo (voir pages 64-65). A Rome, la tradition veut qu'on le déguste au petit matin, vers 4 heures.

INGRÉDIENTS

Pour 500 g de spaghetti

6 cuillerées à soupe d'huile d'olive vierge
175 g d'oignon, finement haché
2 cuillerées à soupe de cognac
500 g de tomates mûres (roma), pelées, épépinées et coupées en dés de 5 mm
Sel et poivre du moulin

PRÉPARATION

1 Versez l'huile dans une sauteuse et faites-y revenir l'oignon, à feu moyen, jusqu'à ce qu'il soit tendre et doré.
2 Augmentez légèrement le feu et arrosez de cognac. Au bout de 30 secondes, lorsque l'alcool s'est évaporé, ajoutez les tomates. Assaisonnez de sel et de poivre, puis laissez mijoter de 10 à 20 minutes, en remuant de temps en temps, jusqu'à ce que les tomates aient réduit. Otez la sauteuse du feu.
3 Dans une grande marmite, portez à ébullition 4 litres d'eau. Ajoutez 1 cuillerée à soupe de sel, et plongez-y les pâtes en une seule fois. Remuez bien.
4 Lorsque les pâtes sont al dente, remettez la sauteuse sur feu doux. Égouttez les pâtes et mélangez-les rapidement à la sauce chaude. Servez aussitôt et donnez un tour du moulin à poivre sur chaque assiette.

Bon aussi avec : *spaghettini, penne*

FETTUCCE

Rubans

TAGLIOLINI ALLA ROMAGNOLA

Tagliolini au jambon de Parme

Cette recette classique est la preuve que gastronomie et grande simplicité vont de pair. En effet, pour réussir ce plat délicieux, il vous suffit d'avoir des pâtes aux œufs maison, du jambon de Parme d'excellente qualité, du beurre et du parmigiano-reggiano. Vous pouvez, éventuellement, ajouter des petits pois frais.

INGRÉDIENTS

Pour des tagliolini maison faits avec 3 œufs
(voir page 36)
ou **500 g de tagliolini secs du commerce**

150 g de petits pois frais, écossés (facultatif)
90 g de beurre
125 g de jambon de Parme, découpé en fines lanières
60 g de parmigiano-reggiano, râpé

PRÉPARATION

1 Si vous utilisez des petits pois, faites-les cuire à l'eau bouillante salée jusqu'à ce qu'ils soient tendres. Égouttez-les et réservez.

2 Dans une grande marmite, portez à ébullition 4 litres d'eau.

3 Dans une sauteuse, faites fondre le beurre à feu moyen. Faites-y dorer légèrement, 2 à 3 minutes, le jambon de Parme. Ajoutez, éventuellement, les petits pois et laissez revenir encore 5 minutes. Otez la sauteuse du feu.

4 Mettez 1 cuillerée à soupe de sel dans l'eau bouillante, et plongez-y les pâtes en une seule fois. Remuez bien.

5 Lorsque les pâtes sont al dente, égouttez-les et mélangez-les à la sauce. Parsemez de fromage râpé et servez aussitôt.

Bon aussi avec : *fettuccine, tagliatelle*

FETTUCCINE ALLE ERBE E PANNA ROSA

Fettuccine aux herbes, aux tomates et à la crème

Pour cette recette, il est recommandé d'utiliser des herbes fraîches et des tomates bien mûres et parfumées.

INGRÉDIENTS

Pour des fettuccine maison faites avec 3 œufs
(voir page 36)
ou **500 g de fettuccine sèches du commerce**

60 g de beurre
2 cuillerées à café de basilic frais, haché
1 cuillerée à café de romarin frais, haché
1 cuillerée à café de sauge fraîche, hachée
1/2 tablette de bouillon de bœuf
1 kg de tomates mûres (roma), pelées, épépinées et coupées en dés de 5 mm
12 cl de crème fraîche épaisse
Sel et poivre du moulin

PRÉPARATION

1 Dans une grande marmite, portez à ébullition 4 litres d'eau.

2 Dans une sauteuse, mettez le beurre à fondre à feu moyen. Ajoutez les herbes et le bouillon cube. Faites revenir 1 minute environ, jusqu'à ce que celui-ci soit complètement dissous, en remuant avec une cuillère en bois. Veillez à ce que le beurre ne brûle pas.

3 Incorporez les tomates, assaisonnez de sel et de poivre, puis laissez mijoter de 5 à 10 minutes, jusqu'à ce que les tomates aient réduit.

4 Augmentez légèrement le feu, puis ajoutez la crème. Poursuivez la cuisson, en remuant fréquemment, jusqu'à ce qu'elle ait réduit de moitié. Otez la sauteuse du feu.

5 Mettez 1 cuillerée à soupe de sel dans l'eau bouillante, et plongez-y les pâtes en une seule fois. Remuez bien.

6 Lorsque les pâtes sont al dente, égouttez-les, mélangez-les à la sauce et servez aussitôt.

Bon aussi avec : *tagliatelle, éventuellement spaghetti*

FETTUCCINE ALLE ZUCCHINE E ZAFFERANO

Fettuccine aux courgettes à la crème safranée

Cette sauce raffinée, où la saveur des courgettes et de la crème fraîche se marie harmonieusement à l'arôme du safran, est idéale pour accompagner des pâtes aux œufs maison.

INGRÉDIENTS

Pour des fettuccine maison faites avec 3 œufs
(voir page 36)
où **500 g de fettuccine sèches du commerce**

60 g de beurre

100 g d'oignon, finement haché

700 g de courgettes, coupées en bâtonnets de 4 cm de long et de 5 mm d'épaisseur

25 cl de crème fraîche épaisse

1 dose de safran

6 cuillerées à soupe de parmigiano-reggiano, râpé

Sel et poivre du moulin

PRÉPARATION

1 Dans une grande marmite, portez à ébullition 4 litres d'eau.

2 Dans une sauteuse, faites fondre le beurre, à feu moyen. Mettez-y l'oignon à revenir jusqu'à ce qu'il soit tendre et doré.

3 Augmentez légèrement le feu. Ajoutez les courgettes, et laissez-les cuire jusqu'à ce qu'elles soient tendres et légèrement colorées. Salez et poivrez.

4 Versez la crème et saupoudrez de safran. Poursuivez la cuisson, en remuant fréquemment, jusqu'à ce que la crème réduise de moitié. Otez la sauteuse du feu.

5 Mettez 1 cuillerée à soupe de sel dans l'eau bouillante, et plongez-y les pâtes en une seule fois. Remuez bien.

6 Lorsque les pâtes sont al dente, égouttez-les et mélangez-les à la sauce, en incorporant le fromage râpé. Servez aussitôt.

Bon aussi avec : *tagliatelle*

FETTUCCINE AL TONNO E PANNA ALLO ZAFFERANO

Fettuccine au thon frais à la crème safranée

Faites brièvement sauter le thon avant d'ajouter la crème fraîche, qui lui donnera du moelleux.

INGRÉDIENTS

Pour des fettuccine maison faites avec 3 œufs (voir page 36)
ou **500 g de fettuccine sèches du commerce**

30 g de beurre
1/2 cuillerée à café d'ail, finement haché
250 g de thon frais, coupé en morceaux de 1 cm
25 cl de crème fraîche épaisse
1 dose de safran
1 cuillerée à soupe de persil plat, haché
Sel et poivre du moulin

PRÉPARATION

1 Dans une grande marmite, portez à ébullition 4 litres d'eau.

2 Dans une sauteuse, faites fondre le beurre à feu moyen. Ajoutez l'ail et laissez-le dorer légèrement.

3 Mettez le thon dans la sauteuse et faites-le revenir 2 minutes environ. Assaisonnez de sel et de poivre.

4 Incorporez la crème fraîche et saupoudrez le safran. Poursuivez la cuisson, en remuant fréquemment, jusqu'à ce que la crème ait réduit de moitié. Ajoutez le persil et ôtez la sauteuse du feu.

5 Mettez 1 cuillerée à soupe de sel dans l'eau bouillante, et plongez-y les pâtes en une seule fois. Remuez bien.

6 Lorsque les pâtes sont al dente, remettez la sauteuse sur feu doux. Égouttez les pâtes et mélangez-les à la sauce chaude. Servez aussitôt.

Bon aussi avec : *tagliatelle*

FETTUCCINE ALLE VERDURE

Fettuccine aux légumes et à la purée de poivrons rouges

Ce plat délicieux ravira les végétariens. A la place de la purée de poivrons grillés, que j'emploie pour lier les autres légumes, vous pouvez utiliser de la crème fraîche.

INGRÉDIENTS

Pour des fettuccine maison faites avec 3 œufs (voir page 36)
ou **500 g de fettuccine sèches du commerce**

2 poivrons rouges
30 g de beurre, ramolli
4 cuillerées à soupe d'huile d'olive vierge
1 cuillerée à café d'ail, finement haché
1 grosse aubergine, pelée et coupée en dés de 1 cm
350 g de courgettes, coupées en dés de 1 cm
1 poivron jaune, pelé, épépiné et coupé en carrés de 1 cm
4 cuillerées à soupe de parmigiano-reggiano, râpé
Sel et poivre du moulin

PRÉPARATION

1 Passez les poivrons rouges sous le gril du four ou sur la flamme d'un réchaud jusqu'à ce que la peau soit uniformément grillée. Mettez-les dans un récipient et couvrez-les d'un torchon. Au bout de 20 minutes, ôtez la peau des poivrons, coupez-les en deux, puis enlevez la queue et les graines. Mettez la chair des poivrons dans un mixeur, avec le beurre, un peu de sel et du poivre. Mixez jusqu'à obtention d'une consistance crémeuse et parfaitement homogène, et réservez.

2 Dans une grande marmite, portez à ébullition 4 litres d'eau.

3 Dans une sauteuse, faites revenir l'ail, à feu moyen, dans l'huile, jusqu'à ce qu'il frémisse.

4 Ajoutez l'aubergine, les courgettes et le poivron jaune. Remuez délicatement pour bien les enrober d'huile. Couvrez la sauteuse, puis laissez mijoter de 10 à 20 minutes, jusqu'à ce que les légumes soient tendres.

5 Incorporez la purée de poivrons rouges aux légumes. Otez la sauteuse du feu.

6 Mettez 1 cuillerée à soupe de sel dans l'eau bouillante, et plongez-y les pâtes en une seule fois. Remuez bien.

7 Lorsque les pâtes sont al dente, égouttez-les et mélangez-les à la sauce. Parsemez de fromage râpé et servez aussitôt.

Bon aussi avec : *tagliatelle*

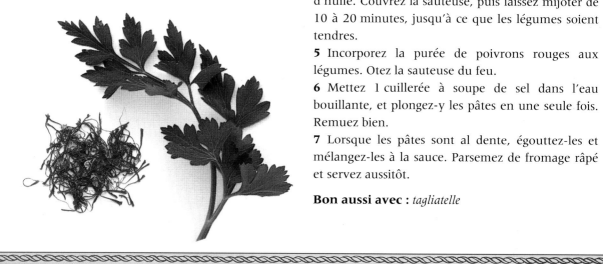

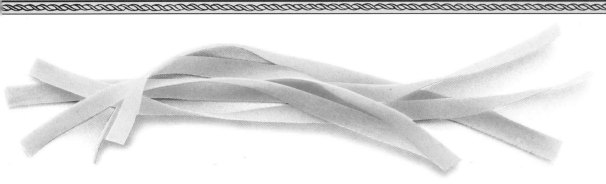

FETTUCCINE COI FICHI SECCHI

Fettuccine aux figues sèches

Mieux vaut réserver cette recette insolite pour un hors-d'œuvre, plutôt que de la servir comme plat principal.

INGRÉDIENTS

Pour des fettuccine maison faites avec 3 œufs

(voir page 36)

ou **500 g de fettuccine sèches du commerce**

175 g de figues sèches
60 g de beurre
1 cuillerée à soupe de grappa ou de cognac
25 cl de crème fraîche épaisse
6 cuillerées à soupe de parmigiano-reggiano, râpé
Sel et poivre du moulin

PRÉPARATION

1 Mettez les figues dans un récipient, couvrez-les d'eau tiède et laissez-les tremper 30 minutes. Égouttez-les et réservez l'eau de trempage. Coupez les figues en morceaux de 5 millimètres.

2 Dans une grande marmite, portez à ébullition 4 litres d'eau.

3 Dans une sauteuse, mettez le beurre à fondre, à feu moyen, et faites-y revenir les figues 1 à 2 minutes.

4 Arrosez de grappa ou de cognac. Au bout de 1 minute environ, lorsque l'alcool s'est évaporé, ajoutez 4 cuillerées à soupe de l'eau de trempage des figues. Laissez cuire jusqu'à ce que celle-ci se soit évaporée.

5 Incorporez la crème et assaisonnez généreusement de sel et de poivre. Poursuivez la cuisson, sans cesser de remuer, jusqu'à ce que la crème ait réduit de moitié. Otez la sauteuse du feu.

6 Mettez 1 cuillerée à soupe de sel dans l'eau bouillante, et plongez-y les pâtes en une seule fois. Remuez bien.

7 Lorsque les pâtes sont al dente, égouttez-les et mélangez-les à la sauce, en ajoutant le fromage râpé. Servez aussitôt.

FETTUCCINE AL GORGONZOLA

Fettuccine au gorgonzola

Cette sauce classique est originaire du nord de l'Italie. Utilisez de préférence du gorgonzola « dolce », plus crémeux et coulant que la variété commune. Pour donner une touche d'originalité à cette recette, vous pouvez incorporer, au dernier moment, 2 cuillerées à soupe de pignons grillés.

INGRÉDIENTS

Pour des fettuccine maison faites avec 3 œufs

(voir page 36)

ou **500 g de fettuccine sèches du commerce**

125 g de gorgonzola
8 cuillerées à soupe de lait entier
30 g de beurre
6 cuillerées à soupe de crème fraîche épaisse
6 cuillerées à soupe de parmigiano-reggiano, râpé
Sel

PRÉPARATION

1 Dans une grande marmite, portez à ébullition 4 litres d'eau.

2 Émiettez le gorgonzola dans une sauteuse. Ajoutez le lait, le beurre et 1 pincée de sel. Faites cuire, à feu doux, sans cesser de remuer à la cuillère en bois, jusqu'à ce que le fromage ait complètement fondu et forme une sauce épaisse et crémeuse.

3 Incorporez la crème fraîche et augmentez légèrement le feu. Laissez mijoter de 3 à 5 minutes, en remuant fréquemment, jusqu'à ce que la crème ait réduit d'un tiers. Otez la sauteuse du feu.

4 Mettez 1 cuillerée à soupe de sel dans l'eau bouillante, et plongez-y les pâtes en une seule fois. Remuez bien.

5 Lorsque les pâtes sont al dente, remettez la sauteuse sur feu doux. Égouttez les pâtes, mettez-les dans la sauteuse et mélangez pendant 30 secondes environ dans la sauce chaude, en incorporant le fromage râpé. Servez aussitôt.

Bon aussi avec : *spaghettini, spaghetti, garganelli, penne*

FETTUCCINE ALL'ARANCIO

Fettuccine à l'orange et à la menthe

L'idée de cette recette originale, simple et rafraîchissante, m'a été suggérée par un fin cordon-bleu.

INGRÉDIENTS

Pour des fettuccine maison faites avec 3 œufs (voir page 36)
ou **500 g de fettuccine sèches du commerce**

90 g de beurre
2 cuillerées à café de zeste d'orange, finement haché
1 cuillerée à café de menthe fraîche, finement hachée
8 cuillerées à soupe de jus d'orange
60 g de parmigiano-reggiano, râpé
Sel et poivre du moulin

PRÉPARATION

1 Dans une grande marmite, portez à ébullition 4 litres d'eau.

2 Dans une sauteuse, faites fondre le beurre, à feu moyen. Ajoutez le zeste d'orange et la menthe, puis assaisonnez de sel et de poivre.

3 Versez le jus d'orange et laissez cuire jusqu'à ce qu'il ait réduit d'un tiers et ait légèrement épaissi. Otez la sauteuse du feu.

4 Mettez 1 cuillerée à soupe de sel dans l'eau bouillante, et plongez-y les pâtes en une seule fois. Remuez bien.

5 Lorsque les pâtes sont al dente, égouttez-les et mélangez-les à la sauce, en ajoutant le fromage râpé. Servez aussitôt.

FETTUCCINE AL TARTUFO BIANCO

Fettuccine aux truffes blanches

Si j'étais condamné à mort et que l'on m'accordât une dernière volonté, mon ultime désir serait que l'on m'apporte ce plat exquis que sont les fettuccine maison généreusement couronnées de pelures de truffes blanches.

INGRÉDIENTS

Pour des fettuccine maison faites avec 3 œufs (voir page 36), pâte étalée de préférence à la main

90 g de beurre, coupé en morceaux
4 cuillerées à soupe de parmigiano-reggiano, râpé
60 g de truffes blanches fraîches

PRÉPARATION

1 Dans une grande marmite, portez à ébullition 4 litres d'eau. Ajoutez 1 1/2 cuillerée à soupe de sel et plongez-y les pâtes en une seule fois. Remuez.

2 Lorsque les pâtes sont al dente, égouttez-les et mettez-les dans un plat de service préchauffé. Ajoutez le beurre et le fromage, puis mélangez rapidement. Répartissez les pâtes sur des assiettes individuelles chaudes, en couronnant chaque portion de pelures de truffe aussi fines que possible, que vous prélèverez à l'aide d'un couteau économe. Servez aussitôt.

Bon aussi avec : *tagliatelle*

Fettuccine all'arancio

FETTUCCINE AL PROSCIUTTO E ASPARAGI

Fettuccine au jambon de Parme, aux asperges et à la crème

INGRÉDIENTS

Pour des fettuccine maison faites avec 3 œufs

(voir page 36)

ou **500 g de fettuccine sèches du commerce**

250 g d'asperges

45 g de beurre

100 g d'oignon, finement haché

125 g de jambon de Parme, découpé en fines lanières

de 3 mm d'épaisseur

250 g de crème fraîche épaisse

60 g de parmigiano-reggiano, râpé

Sel

PRÉPARATION

1 Lavez et pelez les asperges. Faites-les cuire à l'eau bouillante salée jusqu'à ce qu'elles soient tendres.

2 Réservez 8 cuillerées à soupe de l'eau de cuisson des asperges, et coupez celles-ci en tronçons de 2 centimètres.

3 Dans une grande marmite, portez à ébullition 4 litres d'eau.

4 Dans une sauteuse, faites revenir l'oignon, à feu moyen, dans le beurre, jusqu'à ce qu'il soit tendre et doré. Ajoutez le jambon de Parme et laissez-le légèrement rissoler.

5 Ajoutez les asperges, puis augmentez un peu le feu. Quand celles-ci commencent à se colorer, mouillez-les avec leur eau de cuisson et laissez cuire jusqu'à ce qu'elle soit évaporée.

6 Incorporez la crème fraîche, et laissez mijoter jusqu'à ce qu'elle ait réduit de moitié. Otez la sauteuse du feu.

7 Mettez 1 cuillerée à soupe de sel dans l'eau bouillante, et plongez-y les pâtes en une seule fois. Remuez bien.

8 Lorsque les pâtes sont al dente, égouttez-les et mélangez-les à la sauce, en ajoutant le fromage râpé.

Bon aussi avec : *penne, fusilli corti, garganelli*

FETTUCCINE AL LIMONE

Fettuccine au citron et à la crème

Lorsque ma mère fit paraître cette recette, dans son troisième livre de cuisine, elle était loin de se douter qu'elle aurait autant de succès. Je n'y ai apporté que de légères modifications.

INGRÉDIENTS

Pour des fettuccine maison faites avec 3 œufs (voir page 36)
ou **500 g de fettuccine sèches du commerce**

45 g de beurre
2 cuillerées à soupe de jus de citron
1 cuillerée à café de zeste de citron, finement haché
25 cl de crème fraîche épaisse
60 g de parmigiano-reggiano, râpé
Sel et poivre du moulin

PRÉPARATION

1 Dans une grande marmite, portez à ébullition 4 litres d'eau.

2 Mettez le beurre, le jus et le zeste de citron dans une sauteuse. Faites chauffer, à feu moyen, jusqu'à ce que le beurre fonde, et laissez frémir 30 secondes.

3 Incorporez la crème fraîche, puis assaisonnez de sel et de poivre. Poursuivez la cuisson, en remuant fréquemment, jusqu'à ce que la crème ait réduit de moitié. Otez la sauteuse du feu.

4 Mettez 1 cuillerée à soupe de sel dans l'eau bouillante, et plongez-y les pâtes en une seule fois. Remuez bien.

5 Lorsque les pâtes sont al dente, remettez la sauteuse sur feu moyen. Égouttez les pâtes et mélangez-les bien à la sauce chaude, en ajoutant le fromage râpé. Servez aussitôt.

TRENETTE AL PESTO DI NOCI

Trenette au pesto de noix

Le pesto de noix, comme celui de basilic, est une spécialité de la Ligurie, sur la Riviera italienne. Il agrémente à merveille les fettuccine, que l'on appelle trenette en Ligurie, mais la tradition veut qu'on le serve également avec les pansoti, pâtes triangulaires farcies de cinq plantes sauvages locales.

INGRÉDIENTS

Pour des trenette faites avec 3 œufs (voir page 36)
ou **500 g de trenette sèches du commerce**

250 g de cerneaux de noix
1 cuillerée à café d'ail, finement haché
2 cuillerées à soupe d'huile d'olive vierge
60 g de ricotta
60 g de crème fraîche épaisse
4 cuillerées à soupe de parmigiano-reggiano, râpé
Sel

PRÉPARATION

1 Dans une grande marmite, portez à ébullition 4 litres d'eau.

2 Hachez les cerneaux de noix le plus finement possible au mixeur électrique. Ajoutez l'ail et l'huile d'olive, et continuez de mixer. Incorporez la ricotta, assaisonnez de sel, puis mixez de nouveau jusqu'à obtention d'un mélange crémeux.

3 Mettez le mélange dans un plat de service préchauffé, puis ajoutez la crème fraîche en remuant à la cuillère en bois.

4 Mettez 1 cuillerée à soupe de sel dans l'eau bouillante, et plongez-y les pâtes en une seule fois. Remuez bien.

5 Lorsque les pâtes sont al dente, ajoutez 2 cuillerées à soupe de leur eau de cuisson à la sauce aux noix. Égouttez les pâtes et mélangez-les à la sauce. Parsemez de fromage râpé et servez aussitôt.

Bon aussi avec : *pansoti, spaghetti*

I PIZZOCCHERI DELLA VALTELLINA

*Pizzoccheri à la fontina
et aux blettes*

*Les pizzoccheri, nouilles à la farine de sarrasin, sont une
spécialité de la région de Valtellina, au nord de l'Italie.
On en trouve des sèches dans les boutiques
de produits italiens.*

INGRÉDIENTS

500 g de pizzoccheri

60 g de beurre

4 gousses d'ail, pelées et légèrement écrasées

3 ou 4 feuilles de sauge

*250 g de pommes de terre nouvelles, pelées et coupées
en tranches de 5 mm d'épaisseur*

*60 g de côtes de blettes, détaillées en bâtonnets
de 2,5 cm de long*

30 g de feuilles de blettes, hachées (ou 60 g d'épinards)

125 g de fontina, coupée en tranches fines

60 g de parmigiano-reggiano, râpé

Sel

PRÉPARATION

1 Préchauffez le four à 200 °C.

2 Dans une poêle, faites revenir dans le beurre l'ail
et la sauge, à feu moyen, jusqu'à ce que l'ail soit
légèrement coloré. Otez la poêle du feu et réservez.

3 Dans une grande marmite, portez à ébullition
4 litres d'eau. Mettez 1 cuillerée à soupe de sel dans
l'eau bouillante puis plongez-y les pâtes et les
pommes de terre. Laissez cuire 5 minutes. Ajoutez les
côtes de blettes et poursuivez la cuisson 3 minutes.

4 Plongez les feuilles de blettes ou les épinards dans
l'eau et laissez cuire encore 1 minute à partir de la
reprise de l'ébullition.

5 Égouttez les pâtes, qui doivent être al dente, et les
légumes. Mettez-les dans un grand récipient. Arrosez-les de beurre fondu, à travers une passoire.
Ajoutez les trois quarts de la fontina, puis la moitié
du fromage râpé, et mélangez bien. Versez la préparation dans un plat à gratin beurré et parsemez du
reste des fromages.

6 Faites gratiner au four 5 minutes environ, au
niveau supérieur. Sortez le plat du four et laissez tiédir 2 à 3 minutes avant de servir.

TAGLIATELLE COI GAMBERI E ASPARAGI

Tagliatelle aux crevettes et aux asperges

INGRÉDIENTS

Pour des tagliatelle maison faites avec 3 œufs

(voir page 36)

ou **500 g de tagliatelle sèches du commerce**

350 g d'asperges
4 cuillerées à soupe d'huile d'olive vierge
1 cuillerée à soupe d'ail, finement haché
350 g de crevettes moyennes crues, décortiquées
et coupées en morceaux de 1 cm
30 g de beurre, ramolli
Sel et poivre du moulin

PRÉPARATION

1 Lavez et pelez les asperges. Faites-les cuire à l'eau bouillante salée jusqu'à ce qu'elles soient tendres. Réservez l'eau de cuisson, et coupez les asperges en tronçons de 2,5 cm.

2 Dans une grande marmite, portez à ébullition 4 litres d'eau.

3 Dans une poêle, faites revenir l'ail, à feu moyen, dans l'huile, jusqu'à ce qu'il frémisse.

4 Ajoutez les asperges, laissez-les revenir 3 minutes environ, en remuant fréquemment et en veillant à ce que l'ail ne brûle pas. Versez 8 cuillerées à soupe de l'eau de cuisson des asperges et poursuivez la cuisson jusqu'à ce que le liquide ait réduit de moitié.

5 Incorporez les crevettes. Assaisonnez de sel et de poivre, et laissez cuire 2 à 3 minutes jusqu'à ce que les crevettes deviennent roses. La sauce doit être légèrement liquide ; au besoin, ajoutez un peu d'eau de cuisson des asperges. Rectifiez l'assaisonnement si nécessaire, puis ôtez la poêle du feu.

6 Mettez 1 cuillerée à soupe de sel dans l'eau bouillante, et plongez-y les pâtes en une seule fois. Remuez bien.

7 Lorsque les pâtes sont al dente, égouttez-les, puis mélangez-les bien à la sauce et au beurre. Servez aussitôt.

TAGLIATELLE COI CECI

Tagliatelle aux pois chiches et aux tomates

INGRÉDIENTS

Pour des tagliatelle maison faites avec 3 œufs

(voir page 36)

ou **500 g de tagliatelle sèches du commerce**

6 cuillerées à soupe d'huile d'olive vierge
100 g d'oignon, finement haché
1 cuillerée à café d'ail, finement haché
250 g de tomates pelées en boîte, grossièrement hachées,
avec leur jus
1 cuillerée à café de romarin frais
(ou 1/2 cuillerée à café de romarin séché)
250 g de pois chiches en boîte, égouttés
4 cuillerées à soupe de parmigiano-reggiano, râpé
Sel et poivre du moulin

PRÉPARATION

1 Dans une sauteuse, faites revenir l'oignon, à feu moyen, dans l'huile, jusqu'à ce qu'il soit tendre et doré.

2 Ajoutez l'ail et laissez cuire jusqu'à ce qu'il commence à se colorer.

3 Incorporez les tomates et le romarin, assaisonnez de sel et de poivre, et laissez mijoter de 10 à 20 minutes, jusqu'à ce que les tomates aient réduit.

4 Dans une grande marmite, portez à ébullition 4 litres d'eau.

5 Mettez les pois chiches dans la sauce et poursuivez la cuisson 5 minutes. Prélevez la moitié des pois chiches à l'aide d'une écumoire, écrasez-les en purée à la moulinette ou à la fourchette, puis remettez-les dans la sauteuse. Laissez cuire encore 1 minute, en remuant. Otez la sauteuse du feu.

6 Mettez 1 cuillerée à soupe de sel dans l'eau bouillante, et plongez-y les pâtes en une seule fois. Remuez bien.

7 Lorsque les pâtes sont al dente, égouttez-les et mélangez-les à la sauce, en ajoutant le fromage râpé. Servez aussitôt.

Bon aussi avec : *tonnarelli*

PAGLIA E FIENO COI PISELLI

Fetuccine jaunes et vertes aux petits pois,
au jambon de Parme et à la crème

Ce mélange de pâtes jaunes et vertes porte le nom de paglia
e fieno (« paille et foin »). Ici, les petits pois et le jambon
de Parme fournissent un agréable contraste de saveurs.

INGRÉDIENTS

Pour des paglia e fieno maison faites avec 3 œufs
(voir page 36)
ou **500 g de paglia e fieno sèches du commerce**

350 g de petits pois frais, écossés (ou 300 g de petits pois
surgelés, décongelés)
60 g de beurre
4 cuillerées à soupe d'oignon, finement haché
125 g de jambon de Parme, coupé en fines lanières
de 5 mm d'épaisseur
25 cl de crème fraîche épaisse
60 g de parmigiano-reggiano, râpé
Sel et poivre du moulin

PRÉPARATION

1 Si vous utilisez des petits pois frais, faites-les cuire à l'eau bouillante salée jusqu'à ce qu'ils soient tendres. Égouttez et réservez.

2 Dans une grande marmite, portez à ébullition 4 litres d'eau.

3 Dans une sauteuse, faites fondre le beurre, à feu moyen. Faites-y revenir l'oignon jusqu'à ce qu'il soit tendre et doré. Ajoutez le jambon de Parme et poursuivez la cuisson 1 à 2 minutes, en remuant.

4 Augmentez légèrement le feu et incorporez les petits pois cuits, ou décongelés. Assaisonnez d'un peu de sel et de poivre, et faites sauter 2 à 3 minutes.

5 Ajoutez la crème fraîche et laissez mijoter, en remuant fréquemment, jusqu'à ce qu'elle ait réduit de moitié. Otez la sauteuse du feu.

6 Mettez 1 cuillerée à soupe de sel dans l'eau bouillante, et plongez-y les pâtes en une seule fois. Remuez bien.

7 Lorsque les pâtes sont al dente, égouttez-les et mélangez-les à la sauce, en ajoutant le fromage râpé. Servez aussitôt.

PAGLIA E FIENO AI FUNGI

Fettuccine jaunes et vertes aux champignons,
au jambon et à la crème

Dans les paglia e fieno, les petits pois sont parfois
remplacés par des champignons. Dans ce cas, on utilise
de préférence du jambon blanc, dont la saveur est plus
neutre que celle du jambon de Parme, afin de ne pas
masquer leur arôme.

INGRÉDIENTS

Pour des paglia e fieno maison faites avec 3 œufs
(voir page 36)
ou **500 g de paglia e fieno sèches du commerce**

60 g de beurre
4 cuillerées à soupe d'oignon, finement haché
125 g de jambon blanc, coupé en lanières de 5 mm d'épaisseur
350 g de champignons de Paris, nettoyés et coupés
en petits morceaux
25 cl de crème fraîche épaisse
60 g de parmigiano-reggiano, râpé
Sel et poivre du moulin

PRÉPARATION

1 Dans une grande marmite, portez à ébullition 4 litres d'eau.

2 Dans une sauteuse, faites revenir l'oignon, à feu moyen, dans le beurre, jusqu'à ce qu'il soit tendre et doré. Ajoutez le jambon et poursuivez la cuisson 1 à 2 minutes, jusqu'à ce qu'il soit coloré.

3 Augmentez légèrement le feu et incorporez les champignons. Assaisonnez d'un peu de sel et de poivre. Laissez cuire jusqu'à ce que tout le jus des champignons soit évaporé, et poursuivez la cuisson 4 à 5 minutes à partir de ce stade.

4 Incorporez la crème fraîche et laissez mijoter, en remuant fréquemment, jusqu'à ce qu'elle ait réduit de moitié. Otez la sauteuse du feu.

5 Mettez 1 cuillerée à soupe de sel dans l'eau bouillante, puis plongez-y les pâtes en une seule fois. Remuez bien.

6 Lorsque les pâtes sont al dente, égouttez-les et mélangez-les à la sauce, en ajoutant le fromage râpé. Servez aussitôt.

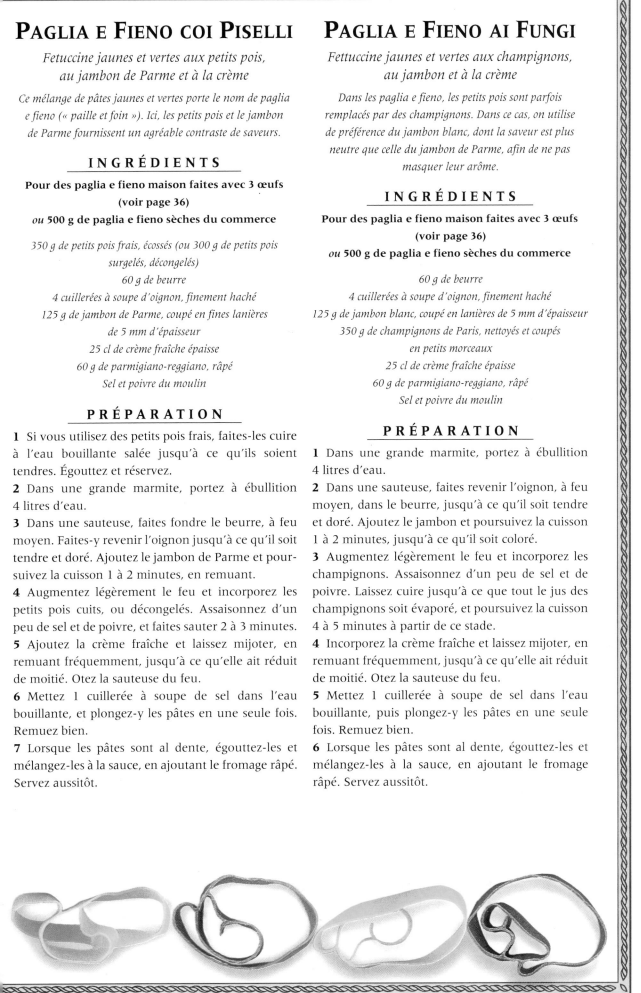

Pappardelle al coniglio
(page 103)

**Tonnarelli
al radicchio e belga**
(page 103)

Paglia e fieno coi piselli
(page 99)

PAPPARDELLE AL SUGO DI PICCIONE

Pappardelle aux pigeonneaux

Lorsque ma mère faisait rôtir des pigeonneaux à la cocotte, c'était jour de fête à la maison. Sa recette m'a inspiré une délicieuse sauce pour les pâtes.

INGRÉDIENTS

Pour des pappardelle maison faites avec 3 œufs (voir page 36) *ou* **500 g de pappardelle sèches du commerce**

2 pigeonneaux de 500 g environ chacun
2 fines tranches de pancetta
12 feuilles de sauge fraîche, dont 8 finement hachées
45 g de beurre
2 cuillerées à soupe d'huile végétale
8 cuillerées à soupe de vin blanc sec
6 cuillerées à soupe de parmigiano-reggiano, râpé
Sel et poivre du moulin

PRÉPARATION

1 Videz les pigeonneaux, en conservant les foies, puis rincez-les sous un filet d'eau froide. Essuyez-les. Glissez une tranche de pancetta, le foie et 2 feuilles de sauge à l'intérieur de chaque volatile.

2 Dans une grande sauteuse, faites chauffer un tiers du beurre et l'huile, à feu moyen. Quand le beurre commence à grésiller, mettez les pigeonneaux dans la sauteuse, avec le hachis de sauge, et faites-les rôtir uniformément.

3 Assaisonnez de sel et de poivre, arrosez de vin blanc et laissez bouillonner 30 secondes. Baissez un peu le feu, couvrez la sauteuse et faites mijoter 1 heure environ, en retournant les pigeonneaux toutes les 15 minutes, jusqu'à ce qu'ils soient bien tendres. Otez la sauteuse du feu.

4 Enlevez les pigeonneaux de la sauteuse et laissez-les refroidir. Prélevez alors la chair et coupez-la en morceaux de 2 centimètres. Hachez finement les foies et la pancetta.

5 Dégraissez la sauce au maximum, et mettez la chair des pigeonneaux et le hachis de foie et de pancetta dans la sauteuse. Faites cuire, à feu moyen, jusqu'à ce que la sauce réduise et commence à épaissir. Otez la sauteuse du feu.

 Vous pouvez préparer cette sauce à l'avance et la conserver au réfrigérateur.

6 Dans une grande marmite, portez à ébullition 4 litres d'eau. Ajoutez 1 cuillerée à soupe de sel, et plongez-y les pâtes en une seule fois. Remuez bien.

7 Lorsque les pâtes sont al dente, égouttez-les et mélangez-les à la sauce, avec le reste du beurre et le fromage râpé. Servez aussitôt.

PAPPARDELLE COI FEGATINI DI POLLO

Pappardelle aux foies de volaille

Ce délicieux plat toscan est un classique aux multiples variantes. La recette que je préfère est celle de ma mère, et j'y ai apporté de légères modifications.

INGRÉDIENTS

Pour des pappardelle maison faites avec 3 œufs (voir page 36) *ou* **500 g de pappardelle sèches du commerce**

2 cuillerée à soupe d'huile d'olive vierge
30 g de beurre
2 cuillerées à soupe d'échalotes, finement hachées
1/2 cuillerée à café d'ail, finement haché
60 g de pancetta, coupée en petits morceaux
1 cuillerée à café de sauge fraîche, hachée
(ou 1/2 cuillerée à café de sauge séchée)
125 g de bœuf, haché
250 g de foies de volaille, parés et coupés en morceaux de 1 cm
2 cuillerées à café de purée de tomates
4 cuillerées à soupe de vermouth blanc sec
6 cuillerées à soupe de parmigiano-reggiano, râpé
Sel et poivre du moulin

PRÉPARATION

1 Mettez l'huile d'olive et le beurre dans une sauteuse, et faites-y revenir les échalotes, à feu moyen, jusqu'à ce qu'elles commencent à se colorer.

2 Ajoutez l'ail, puis, au bout de 30 secondes, la pancetta et la sauge. Laissez la pancetta se colorer très légèrement.

3 Ajoutez le bœuf haché, et faites cuire, en remuant à la cuillère en bois, jusqu'à ce que la viande soit bien dorée.

4 Incorporez les foies de volaille, assaisonnez de sel et de poivre, et laissez revenir quelques minutes.

5 Dans une grande marmite, portez à ébullition 4 litres d'eau.

6 Mélangez la purée de tomates au vermouth. Versez le mélange dans la sauteuse, augmentez légèrement le feu et faites mijoter de 5 à 10 minutes, en remuant fréquemment, jusqu'à ce qu'une bonne partie du liquide soit évaporée. Otez la sauteuse du feu.

7 Mettez 1 cuillerée à soupe de sel dans l'eau bouillante, et plongez-y les pâtes en une seule fois. Remuez bien.

8 Lorsque les pâtes sont al dente, égouttez-les et mélangez-les à la sauce, en ajoutant le fromage râpé. Servez aussitôt.

Bon aussi avec : *tagliatelle*

PAPPARDELLE AL CONIGLIO

Pappardelle au lapin

En Toscane, on sert souvent les pappardelle avec une sauce au lièvre. Comme il n'est pas toujours facile de s'en procurer, j'ai adapté la recette à du lapin, de saveur moins prononcée.

INGRÉDIENTS

Pour des pappardelle maison faites avec 3 œufs
(voir page 36)
ou **500 g de pappardelle sèches du commerce**

3 cuillerées à soupe d'huile d'olive vierge
45 g de beurre
4 cuillerées à soupe d'oignon, finement haché
4 cuillerées à soupe de petits dés de carotte
4 cuillerées à soupe de petits dés de céleri
350 g de chair de lapin, détaillée en morceaux de 1 cm
1 cuillerée à café de romarin frais, haché
(ou 1/2 cuillerée à café de romarin séché)
2 cuillerées à soupe de baies de genièvre
25 cl de vin rouge
350 g de tomates pelées en boîte, grossièrement hachées,
avec leur jus
60 g de parmigiano-reggiano, râpé
Sel et poivre du moulin

PRÉPARATION

1 Mettez l'huile, un tiers du beurre et l'oignon dans une sauteuse à fond épais. Faites revenir, à feu moyen, jusqu'à ce que l'oignon soit doré.

2 Ajoutez la carotte et le céleri, et faites-les revenir de 5 à 10 minutes, jusqu'à ce qu'ils soient colorés.

3 Ajoutez le lapin, le romarin et les baies de genièvre. Poursuivez la cuisson, en remuant, jusqu'à ce que le lapin brunisse légèrement.

4 Augmentez légèrement le feu et versez le vin rouge. Au bout de 2 minutes, lorsque l'alcool s'est évaporé, incorporez les tomates, salez et poivrez.

5 Quand les tomates commencent à bouillonner, baissez le feu et laissez mijoter au moins 1 heure, jusqu'à ce que le lapin soit très tendre. Ajoutez éventuellement un peu d'eau en fin de cuisson. Lorsque le lapin est cuit, ôtez la sauteuse du feu.

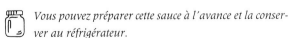 *Vous pouvez préparer cette sauce à l'avance et la conserver au réfrigérateur.*

6 Dans une grande marmite, portez à ébullition 4 litres d'eau. Ajoutez 1 cuillerée à soupe de sel, et plongez-y les pâtes en une seule fois. Remuez bien.

7 Lorsque les pâtes sont al dente, remettez la sauteuse sur feu doux. Égouttez les pâtes et mélangez-les à la sauce chaude, avec le reste du beurre et le fromage râpé. Servez aussitôt.

Bon aussi avec : *penne rigate, elicoidali, millerighe*

TONNARELLI AL RADICCHIO E BELGA

Tonnarelli à la chicorée rouge et aux endives

On utilise de l'huile végétale uniquement pour éviter que le beurre ne brûle. Si l'on veut également rehausser la saveur du plat, il faut, en revanche, employer de l'huile d'olive.

INGRÉDIENTS

Pour des tonnarelli maison faits avec 3 œufs
(voir page 36)
ou **500 g de tonnarelli secs du commerce**

1 cuillerée à soupe d'huile végétale
30 g de beurre
6 cuillerées à soupe d'oignon, finement haché
125 g de bacon fumé, coupé en fines lanières
500 g de chicorée rouge, finement émincée
500 g d'endives, finement émincées
25 cl de crème fraîche épaisse
1 cuillerée à soupe de persil plat, haché
60 g de parmigiano-reggiano, râpé
Sel et poivre du moulin

PRÉPARATION

1 Dans une grande sauteuse, faites revenir l'oignon, à feu doux, dans l'huile et le beurre jusqu'à ce qu'il soit tendre et doré.

2 Ajoutez le bacon et laissez-le dorer, en veillant à ce qu'il ne croustille pas.

3 Incorporez la chicorée rouge et l'endive, assaisonnez de sel et de poivre, baissez le feu et couvrez la sauteuse. Poursuivez la cuisson de 15 à 20 minutes environ, en remuant de temps en temps, jusqu'à ce que l'eau des légumes se soit évaporée et que ceux-ci soient tendres.

4 Dans une grande marmite, portez à ébullition 4 litres d'eau.

5 Otez le couvercle de la sauteuse, augmentez légèrement le feu et laissez s'évaporer tout le liquide. Ajoutez la crème fraîche et faites mijoter, en remuant fréquemment, jusqu'à ce qu'elle ait réduit de moitié. Incorporez le persil et réservez hors du feu.

6 Mettez 1 cuillerée à soupe de sel dans l'eau bouillante, et plongez-y les pâtes en une seule fois. Remuez bien.

7 Lorsque les pâtes sont al dente, remettez la sauteuse sur feu doux. Égouttez les pâtes et mélangez-les à la sauce chaude, en ajoutant le fromage râpé. Servez aussitôt.

Bon aussi avec : *spaghetti, fusilli lunghi, penne*

TONNARELLI AI GAMBERI E FUNGHI

Tonnarelli aux crevettes et aux champignons

Les crevettes se marient bien avec les champignons, notamment dans cette recette où les champignons de Paris frais et les cèpes séchés forment un subtil mélange.

INGRÉDIENTS

Pour des tonnarelli maison faits avec 3 œufs
(voir page 36)
ou **500 g de tonnarelli secs du commerce**

30 g de cèpes séchés
6 cuillerées à soupe d'huile d'olive vierge
90 g d'oignon, finement émincé
350 g de champignons de Paris, finement émincés
250 g de tomates mûres (roma), pelées, épépinées et coupées en morceaux de 1 cm
350 g de crevettes crues, décortiquées et coupées chacune en trois morceaux
12 cl de crème fraîche épaisse
Sel et poivre noir du moulin

PRÉPARATION

1 Faites tremper les cèpes séchés pendant au moins 20 minutes dans 25 centilitres d'eau tiède. Rincez-les sous un filet d'eau froide, puis comprimez-les entre vos mains pour en extraire tout le liquide. Hachez-les grossièrement. Filtrez leur eau de trempage et réservez.

2 Dans une sauteuse, faites revenir l'oignon, à feu moyen, dans l'huile, jusqu'à ce qu'il soit tendre et doré.

3 Ajoutez les cèpes, puis leur eau de trempage. Augmentez légèrement le feu et faites cuire jusqu'à ce que le jus soit presque entièrement évaporé. Mettez les champignons frais, assaisonnez de sel et de poivre noir, puis poursuivez la cuisson, en remuant, jusqu'à ce qu'ils ne relâchent plus de liquide.

4 Dans une grande marmite, portez à ébullition 4 litres d'eau.

5 Incorporez les tomates aux champignons et faites cuire 2 minutes. Ajoutez les crevettes, puis la crème fraîche, et laissez mijoter jusqu'à ce que celle-ci réduise de moitié. Otez la sauteuse du feu.

6 Mettez 1 cuillerée à soupe de sel dans l'eau bouillante, et plongez-y les pâtes en une seule fois. Remuez bien.

7 Lorsque les pâtes sont al dente, égouttez-les et mélangez-les à la sauce. Servez aussitôt.

Bon aussi avec : *spaghetti, fusilli lunghi*

Cèpes séchés

Huile d'olive vierge

Oignon

Champignons de Paris

Sel

Poivre noir

Tonnarelli
ai gamberi
e funghi

Tomates roma

Crevettes

Tonnarelli

Crème fraîche épaisse

TONNARELLI AL SUGO DI CIPOLLE

Tonnarelli aux oignons, aux anchois et aux câpres

Lorsqu'ils mijotent longtemps, à feu très doux, les oignons se transforment en une sauce succulente. Dans celle-ci, les anchois apportent une délicate saveur, quasi imperceptible.

INGRÉDIENTS

Pour des tonnarelli maison faits avec 3 œufs (voir page 36) *ou* **500 g de tonnarelli secs du commerce**

8 cuillerées à soupe d'huile d'olive vierge
6 à 8 filets d'anchois, hachés
700 g d'oignons, finement hachés
4 cuillerées à soupe de vin blanc sec
3 cuillerées à soupe de câpres
2 cuillerées à soupe de persil, haché
Sel et poivre du moulin

PRÉPARATION

1 Dans une sauteuse, faites revenir les anchois, à feu doux, dans l'huile, en remuant avec une cuillère en bois, jusqu'à ce qu'ils aient fondu.

2 Ajoutez les oignons, assaisonnez légèrement de sel et de poivre, et laissez mijoter de 20 à 30 minutes, jusqu'à ce que les oignons soient bien tendres.

3 Dans une grande marmite, portez à ébullition 4 litres d'eau.

4 Poursuivez la cuisson des oignons quelques minutes, en augmentant le feu, jusqu'à ce qu'ils aient pris une belle couleur dorée.

5 Ajoutez le vin, et laissez l'alcool s'évaporer. Incorporez les câpres et le persil. Laissez cuire 2 minutes et ôtez la sauteuse du feu.

6 Mettez 1 cuillerée à soupe de sel dans l'eau bouillante, et plongez-y les pâtes en une seule fois. Remuez bien.

7 Lorsque les pâtes sont al dente, égouttez-les, mélangez-les à la sauce et servez aussitôt.

Bon aussi avec : *spaghetti, spaghettini, fusilli lunghi*

TONNARELLI AL MELONE

Tonnarelli au melon

L'association des pâtes et du melon, aussi étonnante qu'elle puisse paraître, vous surprendra par sa saveur. Cette recette est une variante de celle qu'un jeune chef talentueux de Venise, Silvano, a confiée à ma mère.

INGRÉDIENTS

Pour des tonnarelli maison faits avec 3 œufs (voir page 36) *ou* **500 g de tonnarelli secs du commerce**

60 g de beurre
1 melon cantaloup, peau et pépins ôtés, et chair découpée en dés de 5 mm
1 cuillerée à soupe de jus de citron
1 cuillerée à café de purée de tomates
25 cl de crème fraîche épaisse
60 g de parmigiano-reggiano, râpé
Sel et poivre du moulin

PRÉPARATION

1 Dans une grande marmite, portez à ébullition 4 litres d'eau.

2 Dans une sauteuse, faites fondre le beurre, à feu moyen. Dès qu'il commence à grésiller, ajoutez les dés de melon et tournez-les afin qui'ils soient uniformément enrobés de beurre. Laissez revenir, en remuant de temps en temps, jusqu'à ce que le jus de cuisson soit presque entièrement évaporé.

3 Assaisonnez généreusement de sel et de poivre, puis ajoutez le jus de citron et la purée de tomates. Incorporez la crème fraîche et laissez mijoter, en remuant fréquemment, jusqu'à ce qu'elle réduise de moitié. Otez la sauteuse du feu.

4 Mettez 1 cuillerée à soupe de sel dans l'eau bouillante, et plongez-y les pâtes en une seule fois. Remuez bien.

5 Lorsque les pâtes sont al dente, égouttez-les et mélangez-les à la sauce, en ajoutant le fromage râpé. Servez aussitôt.

Bon aussi avec : *spaghetti (dans ce cas, utilisez seulement 18 centilitres de crème)*

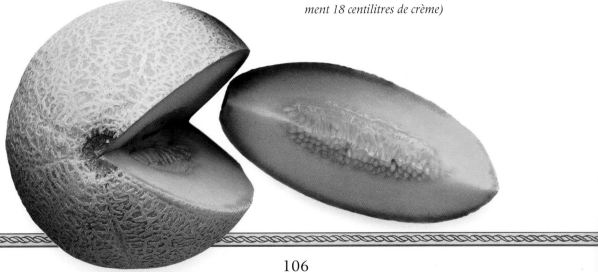

TONNARELLI AL GRANCHIO E RUCOLA

Tonnarelli au crabe et à la roquette

J'ai découvert cette recette à Positano, dans le sud de l'Italie et, lorsque je l'ai essayée chez moi, j'ai eu beaucoup de succès. A défaut de chair de tourteau fraîchement cuit, vous pouvez utiliser du crabe en boîte de bonne qualité.

INGRÉDIENTS

Pour des tonnarelli maison faits avec 3 œufs (voir page 36) *ou* **500 g de tonnarelli secs du commerce**

8 cuillerées à soupe d'huile d'olive vierge
1 cuillerée à café d'ail, finement haché
1 pincée de piment séché, concassé
500 g de tomates mûres (roma), pelées, épépinées et coupées en dés de 1 cm
125 g de roquette, lavée, équeutée et grossièrement émincée en chiffonnade
250 g de chair de crabe cuite
Sel

PRÉPARATION

1 Dans une grande marmite, portez à ébullition 4 litres d'eau.

2 Dans une sauteuse, faites revenir dans l'huile, à feu moyen, l'ail et le piment concassé, jusqu'à ce que l'ail commence à se colorer.

3 Ajoutez les tomates et laissez-les cuire 5 minutes environ, jusqu'à ce qu'elles commencent à se défaire et à colorer l'huile. Vous pouvez augmenter le feu 1 à 2 minutes, en veillant à ce qu'elles ne brûlent pas.

4 Incorporez la roquette, assaisonnez de sel et de poivre, puis mouillez avec 2 cuillerées à soupe d'eau. Poursuivez la cuisson 2 à 3 minutes, jusqu'à ce que la roquette ait complètement fondu.

5 Mettez 1 cuillerée à soupe de sel dans l'eau bouillante, et plongez-y les pâtes en une seule fois. Remuez bien.

6 Ajoutez le crabe à la sauce et faites cuire 1 minute, en remuant. Otez la sauteuse du feu.

7 Lorsque les pâtes sont al dente, égouttez-les et mélangez-les à la sauce. Arrosez, éventuellement, d'un filet d'huile d'olive, si les pâtes vous semblent un peu sèches, et servez aussitôt.

Bon aussi avec : *spaghetti, fusilli lunghi*

TONNARELLI AI CANESTRELLI

Tonnarelli aux coquilles Saint-Jacques

C'est une des recettes favorites de ma mère, et ma version diffère à peine de la sienne. La préparation de ce plat est extrêmement rapide et illustre parfaitement la simplicité qui caractérise souvent la cuisine italienne, le but étant ici de rehausser la saveur de l'ingrédient principal. La chapelure absorbe une partie de l'huile et permet aux pâtes de mieux s'enrober de sauce.

INGRÉDIENTS

Pour des tonnarelli maison faits avec 3 œufs (voir page 36) *ou* **500 g de tonnarelli secs du commerce**

10 cuillerées à soupe d'huile d'olive vierge
2 cuillerées à café d'ail, finement haché
1 pincée de piment séché, concassé
2 cuillerées à soupe de persil plat, haché
500 g de petites noix de saint-jacques, sans corail, dont 125 g finement hachées
4 cuillerées à soupe de chapelure, grillée
Sel

PRÉPARATION

1 Dans une grande marmite, portez à ébullition 4 litres d'eau.

2 Dans une sauteuse, faites revenir l'ail et le piment, à feu moyen, dans 8 cuillerées à soupe d'huile, jusqu'à ce que l'ail commence à se colorer.

3 Ajoutez le persil et mélangez. Incorporez les noix de saint-jacques entières, assaisonnez de sel et faites cuire, en remuant, de 3 à 5 minutes, jusqu'à ce qu'elles ne soient plus translucides. Ajoutez les noix hachées, poursuivez la cuisson 1 minute, puis ôtez la sauteuse du feu.

4 Mettez 1 cuillerée à soupe de sel dans l'eau bouillante, et plongez-y les pâtes en une seule fois. Remuez bien.

5 Lorsque les pâtes sont al dente, égouttez-les et mélangez-les à la sauce, en ajoutant la chapelure grillée et le reste d'huile. Rectifiez l'assaisonnement en sel ou en piment si nécessaire et servez aussitôt.

Bon aussi avec : *spaghettini, spaghetti (dans les deux cas, utilisez seulement 6 cuillerées à soupe d'huile à l'étape 2)*

TUBI

Tubes

PENNE AL CAVOLFIORE E PANNA

Penne au chou-fleur, aux tomates et à la crème

INGRÉDIENTS

Pour 500 g de penne

350 g de chou-fleur, feuilles et trognon ôtés
60 g de beurre
60 g d'oignon, finement haché
1 pincée de piment séché, concassé
500 g de tomates mûres (roma), pelées, épépinées et coupées
en dés de 1 cm
18 cl de crème fraîche épaisse
60 g de parmigiano-reggiano, râpé
Sel

PRÉPARATION

1 Faites cuire le chou-fleur à l'eau bouillante non salée jusqu'à ce qu'il soit tendre. Laissez-le refroidir, puis coupez-le en morceaux de 2 centimètres.

2 Dans une grande marmite, portez à ébullition 4 litres d'eau.

3 Dans une sauteuse, faites dorer l'oignon, à feu moyen, dans le beurre.

4 Ajoutez le piment et le chou-fleur, puis assaisonnez généreusement de sel. Faites sauter de 8 à 10 minutes, jusqu'à ce que le chou-fleur se colore légèrement. Mettez les tomates et poursuivez la cuisson 1 minute.

5 Incorporez la crème fraîche, et laissez mijoter jusqu'à ce qu'elle ait réduit de moitié. Otez la sauteuse du feu.

6 Mettez 1 cuillerée à soupe de sel dans l'eau bouillante, et plongez-y les pâtes en une seule fois. Remuez bien.

7 Lorsque les pâtes sont al dente, égouttez-les et mélangez-les à la sauce, en ajoutant le fromage râpé.

Rectifiez l'assaisonnement si nécessaire et servez aussitôt.

Bon aussi avec : *orecchiette, fusilli corti, gnocchi, lumache*

DENTI D'ELEFANTE AI PEPERONI E BIETE

Denti d'elefante aux poivrons et aux blettes

INGRÉDIENTS

Pour 500 g de denti d'elefante

3 cuillerées à soupe d'huile d'olive vierge
4 gousses d'ail entières, pelées et légèrement écrasées
2 poivrons rouges, pelés, épépinés et coupés
en carrés de 2 cm
250 g de feuilles de blettes ou d'épinards,
grossièrement hachées
30 g de beurre
2 cuillerées à soupe de vinaigre balsamique
6 cuillerées à soupe de parmigiano-reggiano, râpé
Sel et poivre du moulin

PRÉPARATION

1 Dans une sauteuse, faites dorer uniformément les gousses d'ail, à feu vif, dans l'huile.

2 Jetez l'ail. Faites revenir les poivrons dans l'huile, en remuant, jusqu'à ce qu'ils se colorent légèrement.

3 Baissez le feu. Ajoutez les blettes ou les épinards, puis mouillez de 2 cuillerées à soupe d'eau. Assaisonnez de sel et de poivre, et laissez cuire jusqu'à ce que les légumes soient tendres. Otez la sauteuse du feu.

4 Dans une grande marmite, portez à ébullition 4 litres d'eau. Mettez 1 cuillerée à soupe de sel, et plongez-y les pâtes en une seule fois. Remuez bien.

5 Lorsque les pâtes sont presque cuites, remettez la sauteuse sur feu doux et incorporez le beurre aux légumes. Quand les pâtes sont al dente, égouttez-les et mélangez-les à la sauce, en ajoutant le vinaigre balsamique et le fromage râpé. Servez aussitôt.

Bon aussi avec : *fusilli corti, penne*

CAVATAPPI ALLA BOSCAIOLA

Cavatappi aux champignons et aux tomates

« Boscaiola » signifie « forestière ». Ce plat délicieux vous rappellera sans doute d'agréables promenades à travers bois en automne. Si vous avez des cèpes frais, utilisez-les à la place des champignons de Paris, et sautez les étapes 1 et 3. Sinon, employez quelques cèpes séchés, qui communiqueront leur arôme aux autres champignons.

INGRÉDIENTS

Pour 500 g de cavatappi

30 g de cèpes séchés
4 cuillerées à soupe d'huile d'olive vierge
1 cuillerée à café d'ail, finement haché
1 cuillerée à soupe de persil plat, haché
350 g de champignons de Paris, coupés en dés de 1 cm
250 g de tomates pelées en boîte, grossièrement hachées, avec leur jus
30 g de beurre
6 cuillerées à soupe de parmigiano-reggiano, râpé
Sel et poivre noir du moulin

PRÉPARATION

1 Faites tremper les cèpes séchés pendant au moins 20 minutes dans 25 centilitres d'eau tiède. Rincez-les sous un filet d'eau froide, puis comprimez-les entre vos mains pour en extraire tout le liquide. Hachez-les grossièrement. Filtrez leur eau de trempage et réservez.

2 Dans une sauteuse, faites revenir l'ail, à feu moyen, dans l'huile, jusqu'à ce qu'il commence à se colorer. Incorporez le persil et remuez.

3 Ajoutez les cèpes, puis leur eau de trempage. Augmentez légèrement le feu et faites cuire jusqu'à ce que le liquide soit évaporé.

4 Ajoutez les champignons frais, assaisonnez de sel et de poivre, et poursuivez la cuisson jusqu'à ce qu'ils ne relâchent plus d'eau.

5 Incorporez les tomates, assaisonnez de sel et de poivre, puis laissez mijoter jusqu'à ce qu'elles aient réduit. Otez la sauteuse du feu.

Vous pouvez préparer cette sauce à l'avance et la conserver au réfrigérateur.

6 Dans une grande marmite, portez à ébullition 4 litres d'eau. Mettez 1 cuillerée à soupe de sel, et plongez-y les pâtes en une seule fois. Remuez bien.

7 Lorsque les pâtes sont presque cuites, remettez la sauteuse sur feu doux. Quand elles sont al dente, égouttez-les et mélangez-les à la sauce, en ajoutant le beurre et le fromage râpé. Servez aussitôt.

Bon aussi avec : *maccheroni, fusilli lunghi, penne*

Persil plat

Ail

Huile d'olive vierge

Cèpes séchés

Tomates
en boîte

Sel

Poivre
noir

Beurre

Parmigiano-
reggiano

Cavatappi

Champignons
de Paris

**Cavatappi
alla boscaiola**

ELICOIDALI AL POLLO

Elicoidali et poulet braisé aux tomates

Bien que l'association pâtes-poulet ne m'ait jamais beaucoup inspiré, j'ai fini par créer une sauce au poulet pour satisfaire l'exigence de mes clients, qui ne cessaient de me la réclamer. Ma mère m'a suggéré ce délicieux poulet braisé aux tomates, dont la sauce relevée est très savoureuse. J'ai simplement ajouté une pincée de piment séché à sa recette, et ce plat connaît toujours un grand succès.

INGRÉDIENTS

Pour 500 g d'elicoidali

45 g de beurre
4 cuillerées à soupe d'huile végétale
6 gousses d'ail entières, pelées et légèrement écrasées
2 petites branches de romarin
1 poulet de 1 kg, découpé en morceaux
12 cl de vin blanc sec
500 g de tomates pelées en boîte, grossièrement hachées, avec leur jus
1 pincée de piment séché, concassé
6 cuillerées à soupe de parmigiano-reggiano, râpé
Sel

PRÉPARATION

1 Dans une grande cocotte, faites revenir l'ail et le romarin dans 15 grammes de beurre et l'huile végétale, à feu moyen, jusqu'à ce que les gousses d'ail soient bien colorées.

2 Jetez l'ail. Mettez les morceaux de poulet dans la cocotte, en veillant à ce qu'ils ne se chevauchent pas, et faites-les dorer uniformément. Si le récipient n'est pas suffisamment grand pour contenir tous les morceaux, procédez en deux fois. Réservez sur une assiette préchauffée au fur et à mesure que les morceaux de poulet sont cuits.

3 Jetez le romarin, puis remettez les morceaux de poulet dans la cocotte. Augmentez le feu, arrosez de vin blanc, puis laissez l'alcool s'évaporer, pendant 1 minute environ.

4 Incorporez les tomates, le piment, et assaisonnez de sel et de poivre. Quand les tomates commencent à bouillonner, mettez à feu doux et couvrez partiellement la cocotte. Faites mijoter, de 45 minutes à 1 heure, voire plus, en retournant le poulet de temps en temps et en ajoutant un peu d'eau si nécessaire. La chair du poulet doit être suffisamment cuite pour presque se détacher des os.

5 Enlevez les morceaux de poulet de la cocotte et laissez-les refroidir complètement. Émiettez alors la chair, en jetant la peau et la graisse, et remettez-la dans la sauce.

Vous pouvez préparer cette sauce à l'avance et la conserver au réfrigérateur.

6 Dans une grande marmite, portez à ébullition 4 litres d'eau. Ajoutez 1 cuillerée à soupe de sel et plongez-y les pâtes en une seule fois. Remuez bien.

7 Remettez la sauce sur feu moyen. Si vous l'avez préparée longtemps à l'avance et que le poulet, après avoir absorbé tout le liquide, soit légèrement sec, ajoutez un peu d'eau ou de bouillon de volaille. En revanche, s'il y a trop de liquide, augmentez le feu afin qu'il s'évapore.

8 Lorsque les pâtes sont al dente, égouttez-les et mélangez-les à la sauce, en ajoutant le reste du beurre et le fromage râpé. Rectifiez l'assaisonnement si nécessaire et servez aussitôt.

Bon aussi avec : *penne, rigatoni, lumache, pappardelle*

PENNE AI QUATTRO FORMAGGI

Penne aux quatre fromages

Les pâtes et le fromage se marient merveilleusement bien, et chacun a son mélange préféré. Dans le mien, le goût prononcé du gorgonzola, la richesse de la fontina, la saveur piquante du parmigiano-reggiano et la texture crémeuse du mascarpone se complètent parfaitement et imprègnent les pâtes d'un délicieux mélange d'arômes et de saveurs lorsqu'on les passe au four.

INGRÉDIENTS

Pour 500 g de penne

15 g de beurre
12 cl de crème fraîche épaisse
125 g de fontina, râpée
60 g de gorgonzola, émietté
60 g de mascarpone
6 cuillerées à soupe de parmigiano-reggiano, râpé
Sel et poivre du moulin

PRÉPARATION

1 Préchauffez le four à 230 °C.

2 Dans une grande marmite, portez à ébullition 4 litres d'eau. Ajoutez 1 cuillerée à soupe de sel et plongez-y les pâtes en une seule fois. Remuez bien.

3 Dans une casserole, faites chauffer le beurre et la crème, à feu doux. Remuez lentement jusqu'à ce que le beurre ait fondu, puis incorporez tous les fromages, en réservant 2 cuillerées à soupe de parmigiano-reggiano râpé. Continuez de remuer jusqu'à obtention d'un mélange homogène. Assaisonnez de sel et de poivre, puis ôtez la casserole du feu.

4 Lorsque les pâtes sont molto al dente, 1 minute environ avant le stade al dente, égouttez-les, puis mettez-les dans un récipient. Incorporez la sauce au fromage et mélangez bien.

5 Étalez les pâtes dans un grand plat à gratin en une couche de 4 centimètres d'épaisseur maximum, ou bien dans des plats individuels. Parsemez du reste de parmigiano-reggiano, et enfournez de 10 à 15 minutes, jusqu'à obtention d'une croûte bien dorée. Sortez le plat du four et laissez tiédir 5 minutes avant de servir.

Fontina

Gorgonzola

Mascarpone

Parmigiano-reggiano

Pasta e Fagioli Asciutta

Pâtes aux haricots blancs et aux tomates

C'est à Naples que j'ai goûté ce plat pour la première fois. Bien qu'on le prépare comme une sauce, il ressemble beaucoup à la classique soupe de pâtes et de haricots italienne. Je sers cette sauce avec des cavatappi.

INGRÉDIENTS

Pour 500 g de cavatappi

3 cuillerées à soupe d'huile d'olive vierge
30 g de beurre
4 cuillerées à soupe d'oignon, finement haché
3 cuillerées à soupe de petits dés de carotte
3 cuillerées à soupe de petits dés de céleri
125 g de jambon de Parme, coupé en petits dés
350 g de tomates pelées en boîte, grossièrement hachées, avec leur jus
175 g de haricots blancs en boîte, égouttés
2 cuillerées à soupe de persil plat, haché
6 cuillerées à soupe de parmigiano-reggiano, râpé
Sel et poivre du moulin

PRÉPARATION

1 Dans une sauteuse, faites revenir l'oignon, à feu moyen, dans l'huile et le beurre, jusqu'à ce qu'il soit tendre et doré.

2 Ajoutez la carotte et le céleri. Remuez. Quand les légumes commencent à se colorer, incorporez le jambon de Parme, puis faites rissoler 2 minutes.

3 Ajoutez les tomates, assaisonnez de sel et de poivre, et laissez mijoter de 10 à 20 minutes.

4 Dans une grande marmite, portez à ébullition 4 litres d'eau.

5 Incorporez les haricots à la sauce et poursuivez la cuisson 5 minutes. Otez la moitié des haricots à l'aide d'une écumoire, écrasez-les en purée à la moulinette, et remettez-les dans la sauteuse.

6 Mettez 1 cuillerée à soupe de sel dans l'eau bouillante, et plongez-y les pâtes en une seule fois. Remuez bien.

7 Mélangez le persil à la sauce et laissez cuire 2 à 3 minutes. La sauce doit être suffisamment épaisse pour napper la cuillère. Vous pouvez y ajouter un peu d'eau si nécessaire, ou au contraire monter le feu pour qu'elle réduise, jusqu'à obtention de la consistance désirée.

8 Lorsque les pâtes sont al dente, égouttez-les, et mélangez-les à la sauce et au fromage râpé. Répartissez-les dans des assiettes creuses individuelles, donnez quelques tours de moulin à poivre, arrosez d'un filet d'huile d'olive et servez.

Bon aussi avec : *radiatori, lumache, conchiglie*

Rigatoni al Ragù di Agnello

Rigatoni au ragù d'agneau

Le terme « ragù » désigne une sauce dans laquelle de la viande et des légumes, comprenant généralement des tomates, mijotent pendant longtemps.

INGRÉDIENTS

Pour 500 g de rigatoni

15 g de cèpes séchés
2 cuillerées à soupe d'huile d'olive vierge
45 g de beurre
4 cuillerées à soupe d'oignon, finement haché
6 cuillerées à soupe de petits dés de carotte
6 cuillerées à soupe de petits dés de céleri
1 cuillerée à café de romarin frais, haché
(ou 1/2 cuillerée à café de romarin séché)
2 cuillerées à soupe de baies de genièvre
350 g d'agneau, désossé et coupé en dés de 5 mm
6 cuillerées à soupe de vin blanc sec
350 g de tomates pelées en boîte, grossièrement hachées, avec leur jus
4 cuillerées à soupe de parmigiano-reggiano, haché
Sel et poivre du moulin

PRÉPARATION

1 Faites tremper les cèpes pendant au moins 20 minutes dans 25 centilitres d'eau tiède. Rincez-les sous un filet d'eau froide, puis comprimez-les entre vos mains pour en extraire tout le liquide. Hachez-les grossièrement. Filtrez l'eau de trempage et réservez.

2 Dans une sauteuse, faites revenir l'oignon, à feu moyen, dans l'huile et 15 grammes de beurre. Quand il est bien doré, ajoutez la carotte, le céleri, le romarin et les baies de genièvre. Poursuivez la cuisson jusqu'à ce que les légumes soient légèrement colorés.

3 Augmentez légèrement le feu et ajoutez l'agneau. Laissez cuire quelques minutes. Assaisonnez de sel et de poivre, puis arrosez de vin blanc.

4 Lorsque le vin a réduit de moitié, incorporez les cèpes, leur eau de trempage et les tomates. Dès la reprise de l'ébullition, baissez le feu au minimum et laissez mijoter au moins 2 heures, en remuant de temps en temps. La sauce est prête lorsqu'il n'y a presque plus de liquide et que l'agneau est bien tendre. Otez alors la sauteuse du feu.

 Vous pouvez préparer cette sauce à l'avance et la conserver au réfrigérateur.

5 Dans une grande marmite, portez à ébullition 4 litres d'eau. Ajoutez 1 cuillerée à soupe de sel, et plongez-y les pâtes en une seule fois. Remuez bien. **6** En fin de cuisson des pâtes, remettez la sauteuse sur feu doux. Lorsque les pâtes sont al dente, égouttez-les, puis mélangez-les à la sauce, en ajoutant le reste du beurre et le fromage râpé. Servez aussitôt.

Bon aussi avec : *millerighe, elicoidali*

Rigatoni al ragù di agnello

SALSICCIA DI MAIALE

Saucisse de porc maison

La saucisse de porc la plus communément utilisée en Italie, et qui convient le mieux aux recettes de cet ouvrage, a une saveur discrète, très légèrement épicée. Vous pouvez la remplacer par de la chair à saucisse accommodée selon cette recette. Pour gagner du temps, préparez-en une bonne quantité et congelez des portions que vous décongèlerez au fur et à mesure de vos besoins.

INGRÉDIENTS

500 g de chair à saucisse
1 cuillerée à café de romarin frais, finement haché
(ou 1 pincée de romarin séché)
1/2 cuillerée à café d'ail, finement haché
2 cuillerées à soupe de vin blanc sec
1 cuillerée à café de sel
Poivre du moulin

PRÉPARATION

1 Mettez tous les ingrédients dans un récipient, donnez deux ou trois tours de moulin à poivre et mélangez bien à la main.
2 Enveloppez la chair à saucisse dans un film de plastique et laissez reposer une nuit au réfrigérateur avant utilisation ou congélation.

PENNE AI RAPINI E SALSICCIA

Penne aux légumes-feuilles et à la saucisse

En Italie, cette recette se prépare avec des rapini, légumes-feuilles à la saveur légèrement amère que l'on ne trouve pas ailleurs. Vous pouvez les remplacer par un mélange de légumes-feuilles au goût prononcé, par exemple du chou et des pissenlits.

INGRÉDIENTS

Pour 500 g de penne

700 g de rapini, ou autres légumes-feuilles
250 g de saucisse italienne non piquante ou de saucisse de porc maison (voir recette ci-dessus)
6 cuillerées à soupe d'huile d'olive vierge
1 cuillerée à café d'ail, finement haché
30 g de beurre
4 cuillerées à soupe de parmigiano-reggiano, râpé
Sel et poivre noir du moulin

PRÉPARATION

1 Équeutez les rapini ou autres légumes-feuilles et faites-les blanchir 5 minutes à l'eau bouillante salée. Égouttez-les, laissez-les refroidir et hachez-les grossièrement.
2 Dans une grande marmite, portez à ébullition 4 litres d'eau.
3 Émiettez la saucisse dans une sauteuse. Mouillez avec 4 cuillerées à soupe d'eau, et faites revenir à feu moyen, en mélangeant avec une cuillère en bois. Lorsque l'eau s'est complètement évaporée, laissez dorer légèrement la saucisse, puis ajoutez 1 cuillerée à soupe d'eau et raclez bien le fond de la sauteuse.
4 Mettez 1 cuillerée à soupe de sel dans l'eau bouillante, et plongez-y les pâtes en une seule fois. Remuez bien.
5 Mettez l'huile et l'ail dans la sauteuse. Faites cuire jusqu'à ce que l'ail commence à se colorer, puis incorporez les légumes-feuilles hachés et poursuivez la cuisson 2 à 3 minutes. Assaisonnez de sel et de poivre noir, puis ôtez la sauteuse du feu.
6 Lorsque les pâtes sont al dente, égouttez-les et mélangez-les aux autres ingrédients, en ajoutant le beurre et le fromage râpé. Servez aussitôt.

Bon aussi avec : *conchiglie, lumache, fusilli corti*

MACCHERONI ALLA SALSICCIA E RICOTTA

Maccheroni à la saucisse, aux tomates et à la ricotta

INGRÉDIENTS

Pour 500 g de maccheroni

30 g de beurre

100 g d'oignon, finement haché

250 g de saucisse italienne non piquante ou de saucisse de porc maison (voir recette page ci-contre)

250 g de tomates pelées en boîte, grossièrement hachées, avec leur jus

100 g de ricotta

2 cuillerées à soupe de feuilles de basilic, coupées en petits morceaux

4 cuillerées à soupe de parmigiano-reggiano, râpé

Sel et poivre noir du moulin

PRÉPARATION

1 Dans une sauteuse, faites revenir l'oignon, à feu doux, dans le beurre, jusqu'à ce qu'il soit tendre et doré.

2 Ajoutez la saucisse en l'émiettant et en la répartissant à l'aide d'une cuillère en bois. Laissez cuire jusqu'à ce qu'elle se colore.

3 Incorporez les tomates, assaisonnez légèrement de sel et de poivre noir, et laissez mijoter jusqu'à ce que les tomates aient réduit. Otez la sauteuse du feu.

4 Dans une grande marmite, portez à ébullition 4 litres d'eau. Ajoutez 1 cuillerée à soupe de sel, et plongez-y les pâtes en une seule fois. Remuez bien.

5 En fin de cuisson des pâtes, remettez la sauteuse sur feu moyen. Parsemez la sauce de ricotta et de basilic, et mélangez bien.

6 Lorsque les pâtes sont al dente, égouttez-les et mélangez-les à la sauce, en ajoutant le fromage râpé. Servez aussitôt.

Bon aussi avec : *penne, fusilli lunghi, fusilli corti, rigatoni, millerighe, elicoidali*

PENNE AL PROSCIUTTO E POMODORI SECCHI

Penne au jambon de Parme, aux tomates séchées à l'huile et à la crème

Les tranches de tomates séchées au soleil et conservées dans l'huile sont une délicieuse spécialité italienne. Parfois, les poivrons sont également préparés de cette façon.

INGRÉDIENTS

Pour 500 g de penne

30 g de beurre

60 g d'oignon, finement haché

60 g de jambon de Parme, coupé en lanières de 3 mm d'épaisseur

2 cuillerées à soupe de tomates séchées à l'huile, grossièrement hachées

25 cl de crème fraîche

4 cuillerées à soupe de parmigiano-reggiano, râpé

Sel

PRÉPARATION

1 Dans une grande marmite, portez à ébullition 4 litres d'eau.

2 Dans une sauteuse, faites revenir l'oignon, à feu moyen, dans le beurre, jusqu'à ce qu'il soit tendre et doré. Ajoutez le jambon de Parme et laissez cuire jusqu'à ce qu'il se colore.

3 Incorporez les tomates et la crème fraîche. Assaisonnez d'un peu de sel et poursuivez la cuisson, en remuant de temps en temps, jusqu'à ce que la crème ait réduit de moitié. Otez la sauteuse du feu.

4 Mettez 1 cuillerée à soupe de sel dans l'eau bouillante, et plongez-y les pâtes en une seule fois. Remuez bien.

5 Lorsque les pâtes sont al dente, égouttez-les et mélangez-les à la sauce, en ajoutant le fromage râpé. Servez aussitôt.

Bon aussi avec : *farfalle, bucatini, garganelli*

Farfalle al salmone
(page 121)

Fusilli corti alle zucchine
(page 120)

**Maccheroni alla
salsiccia e ricotta
(page 117)**

FORME SPECIALI

Formes Spéciales

FUSILLI CORTI ALLE ZUCCHINE

Fusilli aux courgettes

INGRÉDIENTS

Pour 500 g de fusilli

6 cuillerées à soupe d'huile d'olive vierge
125 g d'oignon, finement émincé
1 cuillerée à café d'ail, finement haché
1 cuillerée à soupe de persil plat,
finement haché
500 g de courgettes, détaillées en bâtonnets de 4 cm de long
sur 5 mm de large
2 cuillerées à soupe de basilic frais, haché
1 cuillerée à café de menthe fraîche, hachée
4 cuillerées à soupe de parmigiano-reggiano, râpé
Sel et poivre du moulin

PRÉPARATION

1 Dans une sauteuse, faites revenir l'oignon, à feu moyen, dans l'huile, jusqu'à ce qu'il soit tendre et doré.

2 Dans une grande marmite, portez à ébullition 4 litres d'eau.

3 Augmentez légèrement le feu sous la sauteuse, ajoutez l'ail et laissez cuire 1 minute. Incorporez le persil et les courgettes. Poursuivez la cuisson de 5 à 10 minutes, en remuant de temps en temps, jusqu'à ce que les courgettes soient tendres et légèrement colorées.

4 Ajoutez le basilic et la menthe, assaisonnez de sel et de poivre, puis ôtez la sauteuse du feu.

5 Mettez 1 cuillerée à soupe de sel dans l'eau bouillante, et plongez-y les pâtes en une seule fois. Remuez bien.

6 Lorsque les pâtes sont al dente, égouttez-les et mélangez-les à la sauce, en ajoutant le fromage râpé. Servez aussitôt.

Bon aussi avec : *fusilli lunghi, eliche*

ORECCHIETTE AL CAVOLFIORE

Orecchiette au chou-fleur et à la pancetta

INGRÉDIENTS

Pour 500 g d'orecchiette

500 g de chou-fleur, feuilles et trognon ôtés
4 cuillerées à soupe d'huile d'olive vierge
1 cuillerée à café d'ail, finement haché
90 g de pancetta, coupée en lanières de 5 mm d'épaisseur
4 cuillerées à soupe de parmigiano-reggiano, râpé
Sel et poivre du moulin

PRÉPARATION

1 Faites cuire le chou-fleur à l'eau bouillante non salée 6 à 8 minutes environ, jusqu'à ce qu'il soit tendre. Laissez-le refroidir, puis coupez-le en morceaux de 1 centimètre.

2 Dans une grande marmite, portez à ébullition 4 litres d'eau.

3 Dans une sauteuse, faites revenir l'ail, à feu moyen, dans l'huile. Quand il commence à frémir, mettez la pancetta et laissez cuire jusqu'à ce qu'elle soit légèrement dorée.

4 Baissez le feu et ajoutez le chou-fleur. Assaisonnez de sel et de poivre, et prolongez la cuisson, en remuant, de 8 à 10 minutes, jusqu'à ce que le chou-fleur soit coloré. Otez la sauteuse du feu.

5 Mettez 1 cuillerée à soupe de sel dans l'eau bouillante, et plongez-y les pâtes en une seule fois. Remuez bien.

6 Lorsque les pâtes sont al dente, égouttez-les et mélangez-les à la sauce, en ajoutant le fromage râpé. Servez aussitôt.

Bon aussi avec : *fusilli corti, strozzapreti*

FARFALLE AL SALMONE

Farfalle au saumon frais

En Italie, on associe rarement le saumon aux pâtes, mais j'ai voulu tirer profit de cet excellent poisson en créant la recette suivante, qui a toujours beaucoup de succès.

INGRÉDIENTS

Pour 500 g de farfalle

4 cuillerées à soupe d'huile d'olive vierge
1 cuillerée à café d'ail, finement haché
1 pincée de piment séché, concassé
500 g de tomates pelées en boîte, grossièrement hachées, avec leur jus
250 g de saumon frais, arêtes ôtées et coupé en morceaux de 1 cm
25 cl de crème fraîche épaisse
2 cuillerées à soupe de basilic frais, haché
Sel

PRÉPARATION

1 Dans une sauteuse, faites revenir l'ail et le piment, à feu moyen, dans l'huile, jusqu'à ce que l'ail soit légèrement coloré.

2 Ajoutez les tomates et assaisonnez de sel. Baissez le feu et laissez mijoter 20 minutes environ, jusqu'à ce que les tomates aient réduit. Otez la sauteuse du feu.

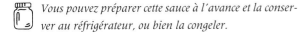 *Vous pouvez préparer cette sauce à l'avance et la conserver au réfrigérateur, ou bien la congeler.*

3 Dans une grande marmite, portez à ébullition 4 litres d'eau. Mettez 1 cuillerée à soupe de sel, et plongez-y les pâtes en une seule fois. Remuez bien.

4 Remettez la sauteuse contenant la sauce à la tomate sur feu moyen. Ajoutez le saumon, la crème fraîche et 1 cuillerée à café de sel, et mélangez soigneusement. Faites cuire jusqu'à ce que la crème ait réduit de moitié. Incorporez le basilic et ôtez la sauteuse du feu.

5 Lorsque les pâtes sont al dente, égouttez-les et mélangez-les à la sauce. Rectifiez l'assaisonnement si nécessaire et servez aussitôt.

Bon aussi avec : *penne*

FARFALLE AL SALMONE AFFUMICATO

Farfalle au saumon fumé et aux poivrons rouges grillés

Pour réaliser cette délicieuse recette, utilisez de préférence du saumon fumé de bonne qualité, en tranches assez épaisses, ou, à défaut, des filets de truite fumée.

INGRÉDIENTS

Pour 500 g de farfalle

2 poivrons rouges
2 gousses d'ail, pelées
250 g de saumon fumé ou de filets de truite fumée
25 cl de crème fraîche épaisse
2 cuillerées à soupe de basilic frais, haché
Sel et poivre du moulin

PRÉPARATION

1 Passez les poivrons sous le gril du four ou sur la flamme d'un réchaud jusqu'à ce que la peau soit uniformément grillée. Mettez-les dans un récipient et couvrez-les d'un torchon. Au bout de 20 minutes, ôtez la peau des poivrons, coupez-les en deux, puis retirez la queue et les pépins. Mettez la chair dans un mixeur, ajoutez l'ail et mixez jusqu'à obtention d'une purée homogène. Réservez.

2 Dans une grande marmite, portez à ébullition 4 litres d'eau. Ajoutez 1 cuillerée à soupe de sel, et plongez-y les pâtes en une seule fois. Remuez bien.

3 Découpez les tranches de saumon fumé ou les filets de truite en morceaux de 2 centimètres de long sur 1 centimètre de large. Mettez-les dans une sauteuse, avec la purée de poivron et la crème fraîche. Assaisonnez de sel et de poivre, et faites mijoter, à feu moyen, jusqu'à ce que la crème ait réduit de moitié. Incorporez le basilic et ôtez la sauteuse du feu.

4 Lorsque les pâtes sont al dente, égouttez-les et mélangez-les à la sauce. Rectifiez l'assaisonnement si nécessaire et servez aussitôt.

Bon aussi avec : *penne, fusilli corti, conchiglie*

FUSILLI CORTI
ALLA CAMPAGNOLA

Fusilli aux aubergines, aux courgettes
et au poivron

INGRÉDIENTS

Pour 500 g de fusilli

8 cuillerées à soupe d'huile d'olive vierge
100 g d'oignon, finement haché
1 cuillerée à café d'ail, finement haché
125 g d'aubergine, pelée et coupée en petits dés
125 g de courgette, coupée en petits dés
1 poivron rouge ou jaune (ou la moitié de chaque), épépiné,
pelé et coupé en carrés de 2,5 cm
1 pincée de piment séché, concassé
250 g de tomates mûres (roma), pelées, épépinées et coupées en
dés de 1 cm (ou 125 g de tomates pelées en boîte, grossièrement
hachées, avec leur jus)
Sel

PRÉPARATION

1 Dans une sauteuse, faites revenir l'oignon, à feu moyen, dans l'huile, jusqu'à ce qu'il soit tendre et doré.

2 Ajoutez l'ail. Laissez cuire 1 minute, puis incorporez l'aubergine. Couvrez la sauteuse et poursuivez la cuisson 5 minutes.

3 Dans une grande marmite, portez à ébullition 4 litres d'eau.

4 Otez le couvercle de la sauteuse, puis ajoutez les dés de courgette et le poivron. Assaisonnez de sel et de piment. Laissez cuire 5 minutes environ, en remuant de temps en temps, jusqu'à ce que les légumes soient tendres.

5 Mettez 1 cuillerée à soupe de sel dans l'eau bouillante, et plongez-y les pâtes en une seule fois. Remuez bien.

6 Incorporez les tomates aux autres légumes et faites mijoter 5 minutes, jusqu'à ce qu'elles aient réduit. Otez la sauteuse du feu.

7 Lorsque les pâtes sont al dente, égouttez-les et mélangez-les bien à la sauce aux légumes. Rectifiez l'assaisonnement si nécessaire et servez aussitôt.

Bon aussi avec : *penne rigate, rigatoni, elicoidali, millerighe, fusilli lunghi*

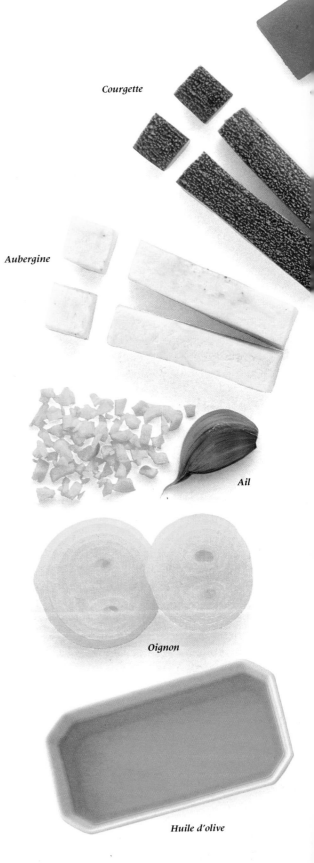

Courgette

Aubergine

Ail

Oignon

Huile d'olive

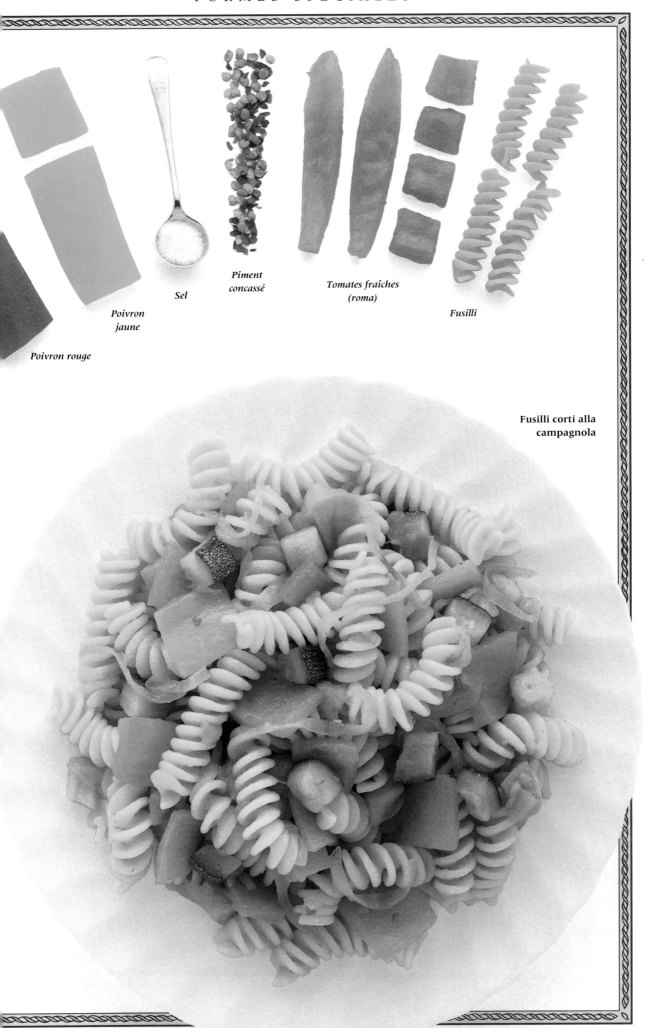

Poivron rouge

Poivron
jaune

Sel

Piment
concassé

Tomates fraîches
(roma)

Fusilli

**Fusilli corti alla
campagnola**

RUOTE DI CARRO CON PEPERONATA

Ruote aux oignons et aux poivrons

INGRÉDIENTS

Pour 500 g de ruote di carro

6 cuillerées à soupe d'huile d'olive vierge
250 g d'oignon, finement haché
2 poivrons rouges et 2 poivrons jaunes, pelés, épépinés
et coupés en lanières de 5 mm de large
250 g de tomates pelées en boîte, grossièrement hachées,
avec leur jus
1 pincée de piment séché, concassé
1 cuillerée à soupe de persil plat, haché
Sel et poivre du moulin

PRÉPARATION

1 Dans une sauteuse, faites revenir l'oignon très finement haché, à feu doux, dans l'huile, jusqu'à ce qu'il blondisse.

2 Ajoutez les poivrons et poursuivez la cuisson, à feu moyen, 2 à 3 minutes, en remuant fréquemment, jusqu'à ce qu'ils se colorent.

3 Incorporez les tomates, assaisonnez de sel et de poivre, et ajoutez le piment. Laissez mijoter 20 minutes environ, jusqu'à ce que les tomates aient réduit.

4 Ajoutez le persil, remuez 30 secondes et ôtez la sauteuse du feu.

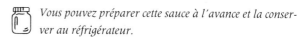 *Vous pouvez préparer cette sauce à l'avance et la conserver au réfrigérateur.*

5 Dans une grande marmite, portez à ébullition 4 litres d'eau. Mettez 1 cuillerée à soupe de sel, et plongez-y les pâtes en une seule fois. Remuez bien.

6 En fin de cuisson des pâtes, remettez la sauteuse sur feu moyen.

7 Lorsque les pâtes sont al dente, égouttez-les et mélangez-les à la sauce. Rectifiez l'assaisonnement si nécessaire et servez aussitôt.

Bon aussi avec : *rigatoni, penne rigate, fusilli lunghi, fusilli corti*

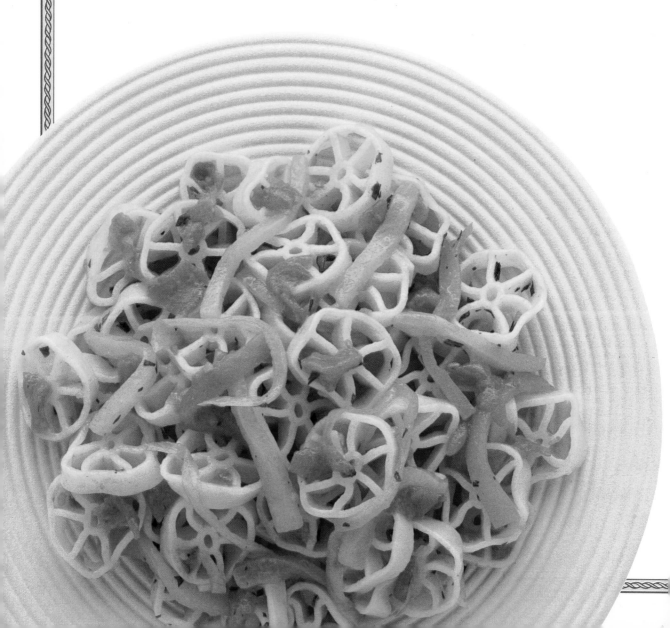

CONCHIGLIE ALLA SALSICCIA E PANNA

Conchiglie aux saucisses, aux tomates et à la crème

INGRÉDIENTS

Pour 500 g de conchiglie

*250 g de petites saucisses italiennes ou de saucisse de porc
maison (voir recette page 116)*
30 g de beurre
1 cuillerée à café de romarin frais, haché
(ou 1 pincée de romarin séché)
*700 g de tomates mûres (roma), pelées, épépinées
et coupées en dés de 1 cm*
1 pincée de piment séché, concassé
8 cuillerées à soupe de crème fraîche épaisse
1 cuillerée à soupe de persil plat, haché
4 cuillerées à soupe de parmigiano-reggiano, râpé
Sel

PRÉPARATION

1 Faites bouillir les saucisses 2 à 3 minutes dans de l'eau. Laissez-les refroidir et découpez-les en fines rondelles.

2 Dans une grande marmite, portez à ébullition 4 litres d'eau.

3 Dans une sauteuse, faites revenir les rondelles de saucisse, à feu moyen, dans le beurre, jusqu'à ce qu'elles soient uniformément dorées.

4 Ajoutez le romarin, les tomates et 2 cuillerées à soupe d'eau. Poursuivez la cuisson 5 minutes environ, jusqu'à ce que l'eau soit évaporée et que les tomates aient fondu.

5 Pendant ce temps, mettez 1 cuillerée à soupe de sel dans l'eau bouillante, et plongez-y les pâtes en une seule fois. Remuez bien.

6 Incorporez le piment à la sauce et assaisonnez d'un peu de sel. Ajoutez la crème fraîche et parsemez de persil. Laissez mijoter, en remuant fréquemment, jusqu'à ce que la crème ait réduit de moitié. Otez la sauteuse du feu.

7 Lorsque les pâtes sont al dente, égouttez-les et mélangez-les à la sauce, en ajoutant le fromage râpé. Rectifiez l'assaisonnement si nécessaire et servez aussitôt.

LUMACHE AI CARCIOFI

Lumache aux artichauts, à la pancetta et au thym

INGRÉDIENTS

Pour 500 g de lumache

2 gros artichauts
2 cuillerées à soupe de jus de citron
60 g de beurre
100 g d'oignon, finement haché
125 g de pancetta, coupée en fines lanières
1/2 cuillerée à café de thym frais (ou 1 pincée de thym séché)
6 cuillerées à soupe de parmigiano-reggiano, râpé
Sel et poivre noir du moulin

PRÉPARATION

1 Préparez les artichauts comme indiqué ci-dessus. Émincez-les finement dans un récipient contenant de l'eau froide additionnée du jus de citron, pour éviter qu'ils ne noircissent.

2 Dans une sauteuse, faites revenir l'oignon, à feu moyen, dans le beurre, jusqu'à ce qu'il soit tendre et doré. Ajoutez la pancetta et laissez-la dorer très légèrement.

3 Dans une grande marmite, portez à ébullition 4 litres d'eau.

4 Égouttez les morceaux d'artichaut, rincez-les à l'eau froide et mettez-les dans la sauteuse. Assaisonnez de sel et de poivre noir, puis parsemez de thym. Remuez bien, afin de les enrober uniformément de beurre. Couvrez d'eau à hauteur et laissez mijoter, à découvert, de 10 à15 minutes, jusqu'à ce que les morceaux d'artichaut soient tendres. Ajoutez, éventuellement, un peu d'eau de temps en temps. Quand les artichauts sont cuits, ôtez la sauteuse du feu.

5 Mettez 1 cuillerée à soupe de sel dans l'eau bouillante, et plongez-y les pâtes en une seule fois. Remuez bien.

6 En fin de cuisson des pâtes, remettez la sauteuse sur feu doux. Si elle contient beaucoup de liquide, augmentez le feu, afin de le faire évaporer.

7 Lorsque les pâtes sont al dente, égouttez-les et mélangez-les aux artichauts, en ajoutant le fromage râpé. Rectifiez l'assaisonnement si nécessaire et servez aussitôt.

Bon aussi avec : *gnocchi, fusilli corti, fusilli lunghi, cavatappi, radiatori*

PRÉPARER UN ARTICHAUT

1 Détachez les feuilles extérieures, en tirant vers le bas pour les casser d'un coup sec tout en conservant la partie charnue. Plus les artichauts sont frais, plus les feuilles se cassent facilement.

2 *A l'aide d'un couteau bien affûté,
coupez l'artichaut aux deux tiers
et jetez la partie supérieure.*

3 *Otez le foin à l'aide d'un couteau
à lame ronde ou d'une petite cuillère.*

4 *Avec un petit couteau pointu, parez
l'artichaut en ôtant les parties dures,
vert foncé, puis coupez la tige. L'artichaut
est prêt à être utilisé.*

**Lumache
ai carciofi**

STROZZAPRETI AI PORCINI E PEPERONI

Strozzapreti aux cèpes et aux poivrons

J'ai découvert cette recette dans un restaurant appelé Antonio Colonna, à Labico, petite ville des environs de Rome. L'établissement n'a pas d'enseigne, et son entrée ressemble à celle d'une demeure privée. Lorsque vous sonnez, on vous fait pénétrer dans une belle salle au plafond élevé, où se trouvent seulement six tables. Il n'y a pas de carte, mais on vous sert un spectaculaire festin, composé de sept services. Ce plat de pâtes en faisait partie le jour de notre visite.

INGRÉDIENTS

Pour 500 g de strozzapreti

250 g de cèpes frais, ou surgelés et décongelés, coupés en dés de 1 cm (ou 30 g de cèpes séchés)
6 cuillerées à soupe d'huile d'olive vierge
4 à 6 gousses d'ail entières, pelées et légèrement écrasées
2 petites branches de sauge fraîche (ou 1 cuillerée à café de sauge séchée)
2 petites branches de romarin frais (ou 1 cuillerée à café de romarin séché)
500 g de champignons de Paris frais, coupés en dés de 1 cm
1 poivron rouge et 1 poivron jaune, pelés, épépinés et coupés en dés de 5 mm
30 g de beurre
6 cuillerées à soupe de parmigiano-reggiano, râpé
Sel et poivre du moulin

PRÉPARATION

1 Si vous utilisez des cèpes séchés, faites-les tremper pendant au moins 20 minutes dans 25 centilitres d'eau tiède. Rincez-les sous un filet d'eau froide, puis comprimez-les entre vos mains pour en extraire tout le liquide. Hachez-les grossièrement. Filtrez l'eau de trempage et réservez.

2 Dans une sauteuse, faites revenir l'ail, la sauge et le romarin à feu moyen, dans l'huile, jusqu'à ce que les gousses d'ail soient uniformément dorées. Otez la sauteuse du feu, puis jetez l'ail et les branches de sauge et de romarin. Si vous utilisez des herbes séchées, filtrez l'huile soigneusement et reversez-la dans la sauteuse.

3 Hors du feu, ajoutez les cèpes hachés, puis l'eau de trempage s'il s'agit de champignons séchés. Remettez la sauteuse sur feu moyen et faites cuire les cèpes jusqu'à ce que l'eau soit complètement évaporée.

4 Incorporez les champignons de Paris, augmentez légèrement le feu, et faites-les cuire jusqu'à ce qu'ils ne relâchent plus de liquide.

5 Si vous utilisez des cèpes frais ou décongelés, mettez-les dans la sauteuse à ce moment-là et laissez-les revenir pendant 2 à 3 minutes, en remuant fréquemment.

6 Ajoutez les poivrons rouge et jaune, puis assaisonnez de sel et de poivre. Poursuivez la cuisson de 5 à 10 minutes, jusqu'à ce qu'ils soient tendres. Otez la sauteuse du feu.

 Vous pouvez préparer cette sauce plusieurs heures à l'avance et la conserver à température ambiante.

7 Dans une grande marmite, portez à ébullition 4 litres d'eau. Mettez 1 cuillerée à soupe de sel, et plongez-y les pâtes en une seule fois. Remuez bien pour qu'elles ne se collent pas.

8 En fin de cuisson des pâtes, remettez la sauteuse sur feu moyen, puis incorporez le beurre à la sauce aux champignons et aux poivrons.

9 Lorsque les pâtes sont al dente, égouttez-les et mélangez-les à la sauce, en ajoutant le fromage râpé. Servez aussitôt.

Bon aussi avec : *penne*

Insalata di Fusilli e Penne

Salade de fusilli et de penne

INGRÉDIENTS

Pour 250 g de fusilli corti et 250 g de penne

2 poivrons rouges
1 aubergine moyenne
6 cuillerées à soupe d'huile d'olive vierge
90 g de fonds d'artichauts conservés dans l'huile
8 à 10 olives vertes, dénoyautées et coupées en morceaux
8 à 10 olives noires, dénoyautées et coupées en morceaux
2 cuillerées à soupe de câpres
1 avocat, pelé et découpé en morceaux de 1 cm
1 cuillerée à soupe de vinaigre de vin rouge
Sel

PRÉPARATION

1 Passez les poivrons sous le gril du four ou sur la flamme d'un réchaud jusqu'à ce que leur peau soit uniformément grillée. Mettez-les dans un récipient et couvrez-les d'un torchon. Au bout de 20 minutes, ôtez la peau des poivrons, coupez-les en deux, puis enlevez la queue et les graines. Coupez la chair en carrés de 1 centimètre.

2 Faites griller l'aubergine de la même façon que les poivrons. Laissez-la refroidir sur une assiette, sans la couvrir. Coupez-la alors en deux dans le sens de la longueur, puis prélevez la chair. Découpez-la en morceaux de 2 centimètres.

3 Dans une grande marmite, portez à ébullition 4 litres d'eau. Ajoutez 1 cuillerée à soupe de sel, et plongez-y toutes les pâtes – que vous aurez choisies si possible de la même marque, afin que leur temps de cuisson soit identique – en une seule fois. Remuez bien.

4 Lorsque les pâtes ont dépassé le stade molto al dente, environ 30 secondes avant d'être al dente, égouttez-les et mettez-les dans un saladier. Ajoutez 2 cuillerées à soupe d'huile et mélangez.

5 Incorporez les poivrons, l'aubergine et les autres ingrédients, arrosez avec le reste de l'huile, puis ajoutez 1 pincée de sel. Mélangez bien et laissez refroidir complètement, à température ambiante, avant de servir.

Orecchiette alla Verza

Orecchiette aux anchois et au chou

Pour préparer cette délicieuse recette, vous pouvez remplacer le chou par 350 grammes de bouquets de brocolis. Dans ce cas, ne couvrez pas la sauteuse à l'étape 3 : faites revenir les brocolis, à feu vif, 5 minutes, et sautez l'étape 5.

INGRÉDIENTS

Pour 500 g d'orecchiette

8 cuillerées à soupe d'huile d'olive vierge
4 gousses d'ail entières, pelées et légèrement écrasées
6 à 8 filets d'anchois, hachés
1 kg de chou frisé, émincé
6 cuillerées à soupe de parmigiano-reggiano, râpé
Sel et poivre du moulin

PRÉPARATION

1 Dans une sauteuse, faites revenir les gousses d'ail, à feu moyen, dans l'huile, jusqu'à ce qu'elles soient uniformément dorées.

2 Jetez l'ail, puis baissez le feu. Laissez tiédir l'huile et faites-y cuire les anchois, en remuant à la cuillère en bois, jusqu'à ce qu'ils aient fondu.

3 Incorporez le chou émincé. Assaisonnez de sel et de poivre. Mélangez bien, afin que le chou soit totalement enrobé d'huile aux anchois. Couvrez la sauteuse et laissez mijoter de 20 à 30 minutes, en remuant de temps en temps, jusqu'à ce que le chou soit bien tendre.

4 Dans une grande marmite, portez à ébullition 4 litres d'eau.

5 Découvrez la sauteuse, et augmentez le feu, de façon que le liquide s'évapore. Quand le chou commence à se colorer, ôtez la sauteuse du feu.

6 Mettez 1 cuillerée à soupe de sel dans l'eau bouillante, et plongez-y les pâtes en une seule fois. Remuez bien.

7 En fin de cuisson des pâtes, remettez la sauteuse sur feu moyen et incoporez le beurre à la sauce au chou.

8 Lorsque les pâtes sont al dente, égouttez-les et mélangez-les à la sauce, en ajoutant le fromage râpé. Servez aussitôt.

Bon aussi avec : *fusilli corti, cavatappi, strozzapreti*

MINESTRE

Soupes

BRODO DI CARNE

Bouillon de viande maison

Ce bouillon à l'italienne, délicat et léger, que vous pouvez également réaliser avec du poulet, est plus savoureux que du bouillon en tablettes.

INGRÉDIENTS

2,5 kg de viande et d'os de bœuf et de veau
2 carottes, pelées
2 ou 3 branches de céleri
1 oignon moyen, pelé
1 tomate entière (roma), fraîche ou en boîte, pelée
1 brin de persil plat
1 cuillerée à soupe de grains de poivre noir entiers
1 cuillerée à café de sel

PRÉPARATION

1 Mettez tous les ingrédients dans une grande marmite ou un faitout. Versez 5 centimètres d'eau froide environ et portez à ébullition, à feu vif.

2 Dès que l'eau commence à bouillir, baissez le feu au minimum. Écumez le bouillon, couvrez partiellement le récipient et laissez frémir pendant au moins 3 heures.

3 Filtrez le bouillon et laissez-le refroidir complètement. Vous pouvez le conserver pendant trois jours au réfrigérateur, ou bien le surgeler pour une utilisation ultérieure. La meilleure méthode consiste à verser le bouillon dans des bacs à glaçons ; lorsque les glaçons ont pris, mettez-les dans des sacs en plastique et congelez-les.

MINESTRA DI PASTA E CECI

Soupe aux pâtes et aux pois chiches

Cette délicieuse soupe aux pois chiches, rapide à préparer, est idéale en hiver.

INGRÉDIENTS

6 cuillerées à soupe d'huile d'olive vierge
4 gousses d'ail entières, pelées et légèrement écrasées
2 cuillerées à café de romarin frais haché
(ou 1/2 cuillerée à café de romarin séché)
175 g de tomates pelées en boîte, grossièrement hachées, avec leur jus
350 g de pois chiches en boîte, égouttés
70 cl de bouillon de viande maison
(voir recette ci-contre)
ou 1 cube de bouillon de bœuf dissous dans 70 cl d'eau
250 g de maltagliati maison ou d'autres petites pâtes tubulaires
4 cuillerées à soupe de parmigiano-reggiano, râpé
Sel et poivre du moulin

PRÉPARATION

1 Dans une grande cocotte ou une marmite à fond épais, faites revenir l'ail, à feu moyen, dans l'huile, jusqu'à ce qu'il soit uniformément doré.

2 Jetez les gousses d'ail. Mettez le romarin dans le récipient, baissez le feu, puis incorporez les tomates. Laissez mijoter de 15 à 20 minutes, jusqu'à ce que les tomates aient réduit.

3 Ajoutez les pois chiches. Assaisonnez de sel et de poivre, et faites cuire 2 à 3 minutes.

4 Versez le bouillon, couvrez la cocotte et poursuivez la cuisson 15 minutes.

5 A l'aide d'une écumoire, retirez environ le quart des pois chiches, puis écrasez-les en purée, à la moulinette ou à la fourchette. Mettez la purée dans la marmite et augmentez légèrement le feu. Quand la soupe commence à bouillir, ajoutez les pâtes et couvrez la cocotte.

6 Lorsque les pâtes sont al dente, incorporez le fromage râpé, hors du feu, et laissez tiédir quelques minutes avant de servir.

PASTA E FAGIOLI

Soupe aux pâtes et aux haricots

En Italie, il existe de nombreuses variantes de cette soupe traditionnelle. Celle que je préfère se consomme dans la région d'Émilie-Romagne. Bien qu'elle soit meilleure avec des haricots frais, écossés, on peut utiliser des haricots blancs secs que l'on aura préalablement mis à tremper toute une nuit. On peut également employer des haricots en boîte, blancs ou rouges.

INGRÉDIENTS

4 cuillerées à soupe d'huile d'olive vierge
2 cuillerées à soupe d'oignon, finement haché
3 cuillerées à soupe de petits dés de carotte
3 cuillerées à soupe de petits dés de céleri
2 petites côtelettes de porc
175 g de tomates pelées en boîte, grossièrement hachées, avec leur jus
700 g de haricots blancs frais, écossés, ou de haricots blancs ou rouges en boîte, égouttés
(ou 350 g de haricots secs, mis à tremper pendant une nuit)
1 l de bouillon de viande maison
(voir recette page ci-contre)
(ou 1 cube de bouillon de bœuf dissous dans 1 l d'eau)
250 g de maltagliati maison ou d'autres petites pâtes tubulaires
4 cuillerées à soupe de parmigiano-reggiano, râpé
Sel et poivre du moulin

PRÉPARATION

1 Dans une grande cocotte ou une marmite à fond épais, faites revenir l'oignon, à feu moyen, dans l'huile, jusqu'à ce qu'il soit bien doré.
2 Ajoutez la carotte et le céleri, et laissez cuire 2 minutes. Incorporez les côtelettes de porc et poursuivez la cuisson 10 minutes, en remuant de temps en temps.
3 Mettez les tomates dans la cocotte, baissez légèrement le feu et laissez mijoter 10 minutes environ, ou 20 minutes si vous utilisez des haricots en boîte à l'étape suivante, jusqu'à ce qu'elles aient complètement réduit.
4 Ajoutez les haricots, remuez et versez le bouillon. Couvrez la cocotte et faites cuire au moins 45 minutes, jusqu'à ce que les haricots soient bien tendres. Si vous utilisez des haricots en boîte, 5 minutes de cuisson suffisent.
5 Enlevez les côtelettes de porc de la cocotte et réservez-les pour un autre usage. A l'aide d'une écumoire, prélevez le quart environ des haricots. Écra-sez-les, à la moulinette ou à la fourchette, puis mettez la purée obtenue dans la cocotte. Assaisonnez de sel à ce moment-là seulement, pour éviter que les haricots ne durcissent.

 Vous pouvez préparer cette soupe à l'avance jusqu'à ce stade et la conserver au réfrigérateur.

6 Vérifiez la consistance de la soupe, qui doit être suffisamment liquide pour que les pâtes y cuisent correctement. Éventuellement, délayez-la avec un peu de bouillon ou d'eau. Augmentez légèrement le feu. Dès que la soupe commence à bouillir, ajoutez les pâtes.
7 Lorsque les pâtes sont al dente, ôtez la cocotte du feu et incorporez le fromage râpé. Laissez reposer la soupe quelques minutes avant de servir. Donnez un tour de moulin à poivre et arrosez chaque assiette d'un filet d'huile d'olive.

MINESTRINA DEI BAMBINI

Soupe aux stelline

En Italie, on réserve traditionnellement ce potage simple et revigorant aux enfants ou aux personnes convalescentes.

INGRÉDIENTS

1,25 l de bouillon de viande maison
(voir recette page ci-contre)
(ou 2 cubes de bouillon de volaille dissous dans 1,25 l d'eau)
125 g de stelline ou d'autres petites pâtes à potage
30 g de beurre
4 cuillerées à soupe de parmigiano-reggiano, râpé

PRÉPARATION

1 Portez le bouillon à ébullition. Plongez-y les pâtes et faites-les cuire al dente. Otez le récipient du feu.
2 Incorporez le beurre et le fromage râpé. Mélangez et servez aussitôt.

MINESTRA DI PASTA E VERDURE ALLA ROMANA

Soupe romaine aux pâtes et aux légumes

Dans un vieux grimoire italien était mentionnée une soupe composée de pâtes et de « diverses laitues ». Je m'en suis inspiré pour créer cette recette mêlant des blettes, du chou blanc, de la laitue pommée et du chou frisé, dont le succès a de loin dépassé mes espérances. Vous pouvez utiliser n'importe quel chou, mais il faut en ôter les grosses côtes avant cuisson. Prévoyez 250 grammes environ de légumes-feuilles.

INGRÉDIENTS

30 g de beurre

3 cuillerées à soupe d'huile d'olive vierge

60 g d'oignon finement haché

2 cuillerées à soupe de petits morceaux de pancetta

4 cuillerées à soupe de petits dés de carotte

4 cuillerées à soupe de petits dés de céleri

1/2 cuillerée à café de romarin frais haché

(ou 1 pincée de romarin séché)

2 poignées de feuilles de blettes ou d'épinards, grossièrement hachées

1 poignée de feuilles de chou blanc, grossièrement hachées

2 poignées de feuilles de laitue, grossièrement hachées

3 poignées de feuilles de chou frisé, grossièrement hachées

1,25 l de bouillon de viande maison (voir recette page 130)

(ou 1 cube de bouillon de bœuf dissous dans 1,25 l d'eau)

175 g de tubetti, ou de ditali, ou de cavatappi

4 cuillerées à soupe de parmigiano-reggiano, râpé

Sel et poivre du moulin

PRÉPARATION

1 Dans une grande cocotte ou une marmite à fond épais, faites revenir l'oignon, à feu moyen, dans le beurre et le tiers de l'huile, jusqu'à ce qu'il soit tendre et doré.

2 Ajoutez la pancetta et faites-la cuire jusqu'à ce qu'elle soit légèrement dorée.

3 Incorporez les dés de carotte et de céleri. Poursuivez la cuisson jusqu'à ce qu'ils soient colorés.

4 Ajoutez tous les légumes-feuilles, puis assaisonnez de sel et de poivre. Lorsqu'ils ont réduit, laissez revenir encore 2 à 3 minutes, puis versez le bouillon. Dès que la soupe commence à bouillir, baissez le feu au minimum, couvrez la cocotte et laissez mijoter 1 heure.

5 Augmentez légèrement le feu. Lorsque la soupe bout, plongez-y les pâtes et couvrez de nouveau la cocotte. Quand les pâtes sont al dente, ôtez la cocotte du feu. Servez la soupe en arrosant chaque assiette d'un filet d'huile d'olive et en saupoudrant généreusement de fromage râpé.

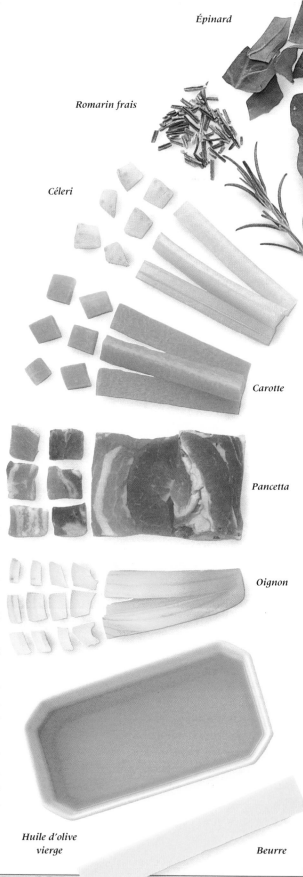

Épinard

Romarin frais

Céleri

Carotte

Pancetta

Oignon

Huile d'olive vierge

Beurre

Chou blanc

Laitue

Chou
frisé

Sel

Poivre
noir

Bouillon

Tubetti

Parmigiano-
reggiano

**Minestra
alla romana**

PASTA RIPIENA E AL FORNO

Pâtes Farcies et Cuites au Four

TORTELLONI DI BIETE

Tortelloni farcis aux blettes

C'est avec ces tortelloni qu'est né mon grand amour des pâtes. Ils sont délicieux avec la sauce tomate au beurre de la page 52, mais vous pouvez simplement les accommoder d'un peu de beurre et de parmigiano-reggiano râpé. Vous pouvez également les farcir d'épinards comme indiqué page 53 (tortelloni di spinaci).

INGRÉDIENTS

POUR LES TORTELLONI

Pâte fraîche maison faite avec 2 œufs (voir recette page 36)
1 kg de blettes (davantage si les côtes sont larges) ou d'épinards frais (ou 625 g d'épinards surgelés et décongelés)
60 g de beurre
4 cuillerées à soupe d'oignon, finement haché
60 g de jambon de Parme, finement haché
200 g de ricotta
1 jaune d'œuf
60 g de parmigiano-reggiano, râpé
1 pincée de noix muscade
1 cuillerée à soupe d'huile d'olive
Sel

POUR LA SAUCE

Sauce burro e pomodoro, préparée à l'avance (voir recette page 52) ou 90 g de beurre, coupé en petits dés
60 g de parmigiano-reggiano, râpé

PRÉPARATION

1 Si vous utilisez des blettes ou des épinards frais, ôtez les côtes des premières, ou équeutez les seconds, et lavez les feuilles dans plusieurs bains d'eau froide. Mettez-les dans une marmite, avec 1/2 cuillerée à café de sel, sans ajouter d'eau : celle dont elles sont imprégnées suffit. Couvrez et laissez cuire de 8 à 12 minutes, jusqu'à ce que les feuilles soient bien tendres. Si vous utilisez des épinards décongelés, faites-les cuire 3 minutes à l'eau bouillante salée.

2 Égouttez les feuilles. Laissez-les refroidir, puis comprimez-les entre vos mains pour en extraire tout le liquide. Hachez-les grossièrement.

3 Dans une sauteuse, faites revenir l'oignon, à feu moyen, dans le beurre, jusqu'à ce qu'il soit bien doré. Ajoutez le jambon de Parme et laissez cuire 1 minute. Incorporez les feuilles de blettes ou d'épinards et poursuivez la cuisson 3 minutes, sans cesser de remuer. Ôtez la sauteuse du feu, versez le

mélange dans un récipient creux et laissez refroidir.

4 Ajoutez la ricotta, le jaune d'œuf, le fromage râpé et la noix muscade. Mélangez bien et assaisonnez d'un peu de sel, si besoin est.

5 Étalez la pâte aussi finement que possible, et préparez les tortelloni farcis comme indiqué page 42. Déposez-les sur un torchon.

6 Dans une grande marmite, portez à ébullition 4 litres d'eau. Ajoutez 1 cuillerée à soupe de sel et l'huile d'olive. Plongez-y les tortelloni, en les laissant glisser du torchon.

7 Réchauffez la sauce burro e pomodoro à feu doux, ou faites fondre le beurre.

8 Lorsque les tortelloni sont al dente, égouttez-les et mettez-les dans un plat de service. Nappez-les de sauce ou de beurre fondu, parsemez de fromage râpé, mélangez délicatement et servez aussitôt.

TORTELLINI ALLA PANNA

Tortellini à la crème fraîche

Selon la légende, un fabricant de pâtes secrètement amoureux d'une de ses employées ne put résister à la tentation d'observer la jeune fille par le trou de la serrure tandis qu'elle se changeait dans l'arrière-boutique avant de se mettre au travail. Il ne put voir que son nombril, mais il le trouva si beau qu'il saisit un petit disque de pâte et en reproduisit la forme. Ainsi serait né le premier tortellino.

INGRÉDIENTS

POUR LES TORTELLINI

15 g de beurre
1 cuillerée à soupe d'huile végétale
60 g de filet de porc, coupé en dés de 1 cm
90 g de blanc de poulet, coupé en dés de 1 cm
60 g de mortadelle, finement hachée
150 g de ricotta
1 jaune d'œuf
1 pincée de noix muscade
60 g de parmigiano-reggiano, râpé
Pâte fraîche maison, faite avec 2 œufs (voir recette page 36)
1 cuillerée à soupe d'huile d'olive
Sel et poivre du moulin

POUR LA SAUCE

30 g de beurre
8 cuillerées à soupe de crème fraîche épaisse
6 cuillerées à soupe de parmigiano-reggiano, râpé

PRÉPARATION

LES TORTELLINI

1 Faites chauffer le beurre et l'huile végétale dans une sauteuse, à feu moyen. Ajoutez le porc, puis assaisonnez de sel et de poivre. Laissez cuire 5 minutes. Prélevez les dés de porc à l'aide d'une écumoire et réservez.

2 Mettez le poulet dans la sauteuse. Assaisonnez de sel et de poivre, et faites-le dorer 2 à 3 minutes. Prélevez les dés de poulet et réservez avec le porc.

3 Laissez légèrement refroidir le porc et le poulet, puis hachez-les finement au mixeur ou à la main et mettez-les dans un récipient creux. Ajoutez la mortadelle, la ricotta, le jaune d'œuf, la noix muscade et le fromage râpé. Mélangez d'abord à la fourchette, puis pétrissez, pour bien amalgamer les ingrédients.

4 Étalez la pâte aussi finement que possible et préparez les tortellini farcis comme indiqué page 42. Déposez-les sur un torchon.

LA SAUCE

1 Dans une grande marmite, portez à ébullition 4 litres d'eau.

2 Pendant ce temps, faites fondre le beurre dans une sauteuse, à feu moyen. Ajoutez la crème fraîche et laissez mijoter, en remuant fréquemment, jusqu'à ce qu'elle ait réduit de moitié. Otez la sauteuse du feu.

3 Versez 1 cuillerée à soupe de sel et l'huile d'olive dans l'eau bouillante, et plongez-y les tortellini en les faisant glisser du torchon. Remuez de temps en temps pour éviter qu'ils ne se collent.

4 Lorsque les tortellini sont cuits al dente, remettez la sauteuse sur feu doux pour réchauffer la sauce, puis égouttez les pâtes. Mélangez délicatement les tortellini à la sauce chaude, en ajoutant le fromage râpé, 1 pincée de sel et quelques tours de moulin à poivre. Rectifiez l'assaisonnement si nécessaire et servez aussitôt.

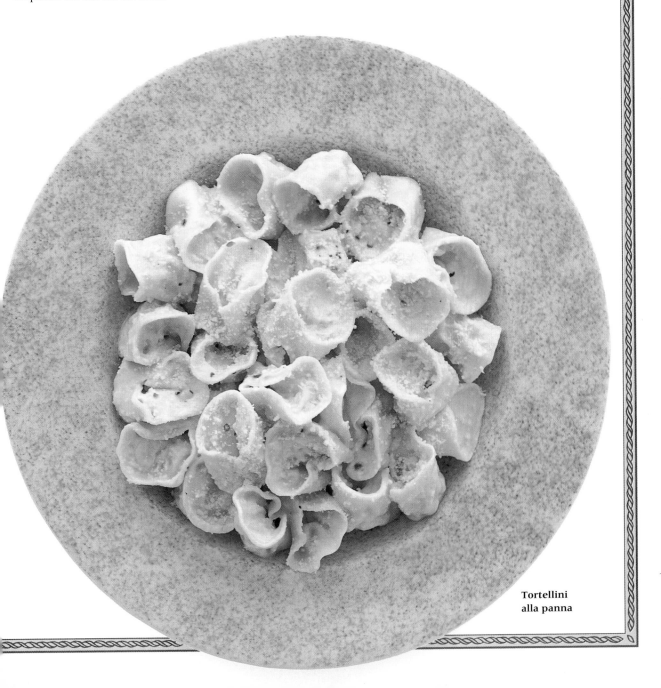

**Tortellini
alla panna**

TORTELLONI DI RICOTTA E PREZZEMOLO

Tortelloni farcis à la ricotta et au persil

Ces tortelloni sont une spécialité bolognaise. A la différence des autres tortelloni, en forme d'oreiller, ceux de Bologne ressemblent à de gros cappelletti. Ils sont particulièrement délicieux accompagnés de la sauce tomate rose utilisée dans la recette des tortelloni di carciofi (voir page 138).

INGRÉDIENTS

300 g de ricotta
60 g de persil plat, finement haché
1 jaune d'œuf
1 pincée de noix muscade
125 g de parmigiano-reggiano, râpé
Pâte fraîche maison, faite avec 2 œufs (voir recette page 36)
1 cuillerée à soupe d'huile d'olive
Sel et poivre du moulin

PRÉPARATION

1 Dans un saladier, mélangez à la fourchette la ricotta, le persil, le jaune d'œuf, la noix muscade et la moitié du fromage râpé. Assaisonnez de sel et de poivre.

2 Étalez la pâte aussi finement que possible et préparez les tortelloni farcis comme indiqué page 43. Déposez-les sur un torchon.

3 Préparez la sauce tomate rose accompagnant les tortelloni di carciofi, page 138.

4 Dans une grande marmite, portez à ébullition 4 litres d'eau. Ajoutez 1 cuillerée à soupe de sel, l'huile d'olive, et plongez-y les tortelloni en les laissant glisser du torchon.

5 Lorsque les tortelloni sont al dente, égouttez-les et mettez-les dans un plat de service. Ajoutez la sauce et le reste du fromage râpé, puis mélangez délicatement. Servez aussitôt.

RAVIOLINI DI PESCE AL SUGO DI GAMBERI

Raviolini aux fruits de mer à la sauce aux crevettes

INGRÉDIENTS

POUR LES RAVIOLINI

30 g de beurre
1 cuillerée à café de marjolaine fraîche hachée
(ou 1/2 cuillerée à café de marjolaine séchée)
250 g de filet de poisson à chair blanche
(julienne ou cabillaud)
125 g de noix de saint-jacques, sans corail
2 cuillerées à soupe de crème fraîche épaisse
2 jaunes d'œufs
3 cuillerées à soupe de parmigiano-reggiano, râpé
1 pincée de noix muscade
Pâte fraîche maison, faite avec 2 œufs
(voir recette page 36)
1 cuillerée à soupe d'huile d'olive
Sel et poivre noir du moulin

POUR LA SAUCE

6 cuillerées à soupe d'huile d'olive vierge
3 gousses d'ail entières, pelées et légèrement écrasées
2 cuillerées à café de purée de tomates
8 cuillerées à soupe de vin blanc sec
250 g de crevettes moyennes crues, décortiquées
25 cl de crème fraîche épaisse
2 cuillerées à soupe de persil plat,
finement haché
Sel et poivre du moulin

PRÉPARATION

LES RAVIOLINI

1 Dans une sauteuse, faites fondre le beurre, à feu moyen. Lorsqu'il est chaud, ajoutez la marjolaine et le poisson. Faites sauter le poisson 5 minutes de chaque côté, au maximum. Ne le faites pas cuire plus longtemps, il se dessécherait. Assaisonnez de sel et de poivre, puis ôtez la sauteuse du feu.

2 Hachez le poisson au mixeur électrique jusqu'à obtention d'une consistance homogène et mettez-le dans un saladier.

3 Mixez également les noix de saint-jacques en fine purée. Ajoutez la crème fraîche, et actionnez l'appareil encore 5 secondes. Versez le mélange dans le saladier contenant le poisson.

4 Incorporez les jaunes d'œufs, le fromage râpé, la noix muscade, 1 pincée de sel, et donnez quelques tours de moulin à poivre. Mélangez soigneusement à la fourchette.

5 Étalez la pâte aussi finement que possible et préparez les raviolini farcis comme indiqué page 43. Déposez-les sur un torchon.

**Raviolini di pesce
al sugo di gamberi**

LA SAUCE

1 Dans une sauteuse, faites revenir les gousses d'ail, à feu moyen, dans l'huile. Lorsqu'elles sont uniformément dorées, prélevez-les à l'aide d'une écumoire et jetez-les. Baissez le feu.

2 Délayez la purée de tomates dans le vin blanc, et versez le mélange dans la sauteuse. Augmentez le feu et laissez le vin réduire des trois quarts.

3 Incorporez les deux tiers des crevettes crues. Faites cuire 2 à 3 minutes, jusqu'à ce que les crevettes deviennent roses. Assaisonnez de sel et de poivre.

4 Éteignez le feu, et sortez les crevettes de la sauteuse à l'aide d'une écumoire. Réduisez-les en purée au mixeur électrique et versez celle-ci dans la sauteuse. Mettez sur feu moyen, puis ajoutez la crème fraîche. Laissez mijoter, en remuant fréquemment,

jusqu'à ce que la crème ait réduit de moitié. Otez la sauteuse du feu.

5 Dans une grande marmite, portez à ébullition 4 litres d'eau.

6 Pendant ce temps, coupez le reste des crevettes en trois morceaux chacune. Remettez la sauce sur feu moyen, puis ajoutez le reste de crème fraîche et les morceaux de crevettes. Poursuivez la cuisson, en remuant fréquemment, jusqu'à ce que la crème ait réduit de moitié. Incorporez le persil, et ôtez la sauteuse du feu.

7 Versez 1 cuillerée à soupe de sel et l'huile dans l'eau bouillante, et plongez-y les raviolini en les laissant glisser du torchon.

8 Lorsque les raviolini sont al dente, égouttez-les et mettez-les dans un plat de service. Nappez-les de sauce, mélangez délicatement et servez aussitôt.

TORTELLONI DI CARCIOFI ALLA PANNA ROSA

Tortelloni aux artichauts à la sauce tomate rose

INGRÉDIENTS

POUR LES TORTELLONI

3 artichauts moyens

2 cuillerées à soupe de jus de citron

45 g de beurre

3 cuillerées à soupe d'oignon, finement haché

1 jaune d'œuf

60 g de parmigiano-reggiano, râpé

1 pincée de noix muscade

Pâte fraîche maison, faite avec 2 œufs (voir recette page 36)

1 cuillerée à soupe d'huile d'olive

Sel et poivre du moulin

POUR LA SAUCE

1 moitié de sauce burro e pomodoro, préparée à l'avance

(voir recette page 52)

8 cuillerées à soupe de crème fraîche épaisse

60 g de parmigiano-reggiano, râpé

PRÉPARATION

LES TORTELLONI

1 Préparez les fonds d'artichauts comme indiqué pages 126-127. Émincez-les finement dans un récipient rempli d'eau froide additionnée de jus de citron, pour éviter qu'ils ne noircissent.

2 Dans une sauteuse, faites revenir l'oignon, à feu moyen, dans le beurre, jusqu'à ce qu'il soit tendre et doré.

3 Égouttez les morceaux d'artichauts, rincez-les à l'eau froide et mettez-les dans la sauteuse. Remuez, de façon qu'ils soient bien enrobés de beurre. Assaisonnez de sel et de poivre. Couvrez-les d'eau à hauteur et faites cuire de 10 à 15 minutes, jusqu'à ce qu'ils soient tendres, en ajoutant un peu d'eau si besoin est. Otez la sauteuse du feu.

4 Réduisez les artichauts en fine purée au mixeur électrique, mettez celle-ci dans un saladier et laissez refroidir.

5 Incorporez le jaune d'œuf, le fromage râpé et la noix muscade. Mélangez bien à la fourchette.

6 Étalez la pâte aussi finement que possible et préparez les tortelloni farcis comme indiqué page 42. Déposez-les sur un torchon.

LA SAUCE

1 Dans une grande marmite, portez à ébullition 4 litres d'eau.

2 Pendant ce temps, versez la sauce burro e pomodoro dans une sauteuse, à travers un chinois. Faites-la chauffer, à feu doux, jusqu'à ce qu'elle frémisse.

3 Ajoutez la crème fraîche, baissez le feu et poursuivez la cuisson 2 à 3 minutes, jusqu'à ce que la sauce soit suffisamment épaisse pour napper la cuillère. Otez la sauteuse du feu.

4 Mettez 1 cuillerée à soupe de sel et l'huile dans l'eau bouillante, et plongez-y les tortelloni en les laissant glisser du torchon.

5 Lorsque les tortelloni sont al dente, égouttez-les et mettez-les dans un plat de service. Nappez-les de sauce et parsemez de fromage râpé. Mélangez délicatement et servez aussitôt.

TORTELLI ALLA FERRARESE

Carrés de pâtes farcis à la patate douce

A Ferrare, en Émilie-Romagne, les tortelli farcis à la citrouille sont une spécialité. On peut remplacer cette citrouille à saveur légèrement sucrée par de la patate douce à chair orangée. Les tortelli s'accommodent bien de beurre fondu à la sauge, mais un simple beurre fondu convient également.

INGRÉDIENTS

POUR LES TORTELLI

250 g de patates douces à chair orangée

Huile végétale

3 cuillerées à soupe de jambon de Parme, finement haché

1 jaune d'œuf

125 g de parmigliano-reggiano, râpé

3 cuillerées à soupe de persil plat, finement haché

1 pincée de noix muscade

Pâte fraîche maison faite avec 2 œufs (voir recette page 36)

1 cuillerée à soupe d'huile d'olive

Sel et poivre du moulin

POUR LA SAUCE

2 cuillerées à soupe de feuilles de sauge fraîche, finement hachées (facultatif)

90 g de beurre, coupé en petits morceaux

60 g de parmigiano-reggiano, râpé

PRÉPARATION

LES TORTELLI

1 Préchauffez le four à 200 °C.

2 Badigeonnez les patates douces d'huile végétale et disposez-les dans un plat à gratin. Enfournez et faites cuire jusqu'à ce qu'elles soient bien tendres et que la peau semble se détacher de la chair : le temps de cuisson dépend de la grosseur des légumes. Sortez le plat du four, laissez tiédir, puis ôtez la peau des patates douces.

3 Écrasez les patates à la moulinette ou au mixeur. Laissez cette purée refroidir.

4 Incorporez à la purée de patates douces le hachis de jambon de Parme, le jaune d'œuf, le fromage râpé, le persil et la noix muscade. Assaisonnez de sel et de poivre, puis mélangez bien à la fourchette.

 Vous pouvez préparer cette farce la veille et la conserver au réfrigérateur.

5 Étalez la pâte aussi finement que possible et préparez les tortelli farcis comme indiqué pour les tortelloni, page 42. Disposez-les sur un torchon.

LA SAUCE

1 Dans une grande marmite, portez à ébullition 4 litres d'eau.
2 Pendant ce temps, faites fondre le beurre dans une petite casserole, à feu moyen. Assaisonnez légèrement de sel et de poivre. Otez la casserole du feu, à moins que vous n'utilisiez de la sauge. Dans ce cas, incorporez celle-ci et laissez frémir encore 1 à 2 minutes, jusqu'à ce que le beurre commence à se colorer. Réservez.
3 Mettez 1 cuillerée à soupe de sel et l'huile d'olive dans l'eau bouillante, et plongez-y les tortelli en les laissant glisser du torchon.
4 Lorsque les tortelli sont al dente, égouttez-les et mettez-les dans un plat de service. Arrosez-les de beurre fondu, parsemez de fromage râpé, mélangez délicatement et servez aussitôt.

ROTOLO DI PASTA

Rouleau farci aux épinards

Ce plat raffiné est une spécialité d'Émilie-Romagne. Cette recette est idéale pour un dîner de fête, car on peut préparer le rouleau à l'avance et le mettre au four juste avant de passer à table.

INGRÉDIENTS

POUR LE ROULEAU

1 kg d'épinards frais (ou 600 g d'épinards surgelés et décongelés)
60 g de beurre
4 cuillerées à soupe d'oignon, finement haché
60 g de jambon de Parme, finement haché
200 g de ricotta
150 g de parmigiano-reggiano, râpé
1 pincée de noix muscade
1 jaune d'œuf
Pâte fraîche maison, faite avec 2 œufs (voir recette page 36)
1 cuillerée à soupe d'huile d'olive
Sel

POUR LA SAUCE

1 moitié de sauce Béchamel (voir recette page 142)
1 moitié de sauce burro e pomodoro, préparée à l'avance (voir recette page 52)

PRÉPARATION

LE ROULEAU

1 Si vous utilisez des épinards frais, ôtez les queues et lavez les feuilles dans plusieurs bains d'eau froide. Mettez-les dans une marmite, avec 1/2 cuillerée à café de sel. Il est inutile d'ajouter de l'eau. Couvrez et laissez cuire 8 à 12 minutes. Si vous utilisez des épinards décongelés, faites-les cuire 3 minutes à l'eau bouillante salée. Égouttez les épinards, laissez-les refroidir, puis comprimez-les entre vos mains pour en extraire le liquide. Hachez-les grossièrement.
2 Dans une sauteuse, faites revenir l'oignon dans le beurre, à feu moyen, jusqu'à ce qu'il soit tendre et doré. Ajoutez le jambon de Parme et laissez cuire 1 minute. Incorporez les épinards et poursuivez la cuisson 3 minutes. Otez la sauteuse du feu, mettez le mélange dans un récipient et laissez refroidir.
3 Incorporez la ricotta, le fromage râpé, en en réservant 4 cuillerées à soupe, la noix muscade et le jaune d'œuf aux épinards. Mélangez à la fourchette, puis pétrissez pour bien amalgamer les ingrédients. Rectifiez l'assaisonnement si nécessaire et réservez.
4 Étalez la pâte, à la main ou à la machine. Dans le premier cas, égalisez la pâte en un rectangle de 40 x 30 centimètres environ. Dans le second, placez côte à côte trois bandes de pâte de 40 centimètres de long, en les faisant se chevaucher légèrement. Humectez les bords d'eau et soudez-les.
5 A l'aide d'une spatule, garnissez la pâte d'une couche de farce aux épinards de 3 millimètres d'épaisseur maximum. Ménagez, tout autour, une bordure de 1 centimètre de large. Enroulez la pâte farcie sur elle-même, et pincez les bords du rouleau entre vos doigts pour les souder. Enveloppez-le dans une mousseline et attachez les extrémités.
6 Dans une grande marmite, portez à ébullition 4 litres d'eau. Ajoutez 1 cuillerée à soupe de sel et l'huile d'olive, et plongez-y le rouleau farci. Faites bouillir 20 minutes. Sortez le rouleau à l'aide d'une écumoire, ôtez la mousseline et laissez refroidir.

FINITION ET CUISSON AU FOUR

1 Préparez la béchamel, puis mélangez-la à la sauce burro e pomodoro.
2 Préchauffez le four à 200 °C.
3 A l'aide d'un couteau bien affûté, découpez le rouleau en tranches de 1 centimètre d'épaisseur.
4 Répartissez la moitié du mélange béchamel-sauce burro et pomodoro dans un plat à gratin. Posez les tranches de rouleau farci par-dessus.
5 Nappez du reste de béchamel et sauce burro e pomodoro ; parsemez du reste de fromage râpé.
6 Enfournez le plat, sur la grille supérieure, et faites gratiner de 15 à 20 minutes. Sortez le plat du four et laissez reposer 10 minutes avant de servir.

**Lasagne coi gamberi
e canestrelli
(page 142)**

Rotolo di pasta
(page 139)

Tortelli alla ferrarese
(page 138)

LASAGNE COI GAMBERI E CANESTRELLI

Lasagne aux crevettes et aux coquilles Saint-Jacques

INGRÉDIENTS

3 cuillerées à soupe d'huile d'olive vierge
4 cuillerées à soupe d'oignon, finement haché
1 cuillerée à café d'ail, finement haché
1 cuillerée à soupe de persil plat, finement haché
250 g de noix de saint-jacques, coupées en morceaux de 5 mm
250 g de crevettes moyennes crues, décortiquées et coupées en morceaux de 5 mm
Sauce Béchamel (voir recette ci-contre)
Pâte fraîche maison, faite avec 2 œufs (voir recette page 36)
Sel et poivre noir du moulin

PRÉPARATION

1 Dans une sauteuse, faites revenir l'oignon, à feu moyen, dans l'huile jusqu'à ce qu'il soit tendre et doré. Ajoutez l'ail et le persil, et laissez cuire 1 minute.

2 Augmentez légèrement le feu, puis incorporez les noix de saint-jacques. Lorsque l'eau qu'elles ont relâchée s'est évaporée et qu'elles ont pris une teinte plus soutenue, ajoutez les crevettes. Assaisonnez de sel et de poivre noir, et poursuivez la cuisson 2 à 3 minutes, jusqu'à ce que les crevettes deviennent roses. Otez la sauteuse du feu.

FINITION ET CUISSON AU FOUR

1 Préparez la sauce Béchamel.

2 Dans une grande marmite, portez à ébullition 4 litres d'eau. Placez un grand récipient contenant de l'eau glacée additionnée de 1 pincée de sel à proximité, ainsi que plusieurs torchons secs.

3 Étalez la pâte aussi finement que possible. Découpez-la en bandes de 10 centimètres de large et de la longueur du plat à gratin que vous utiliserez.

4 Mettez 1 cuillerée à soupe de sel dans l'eau bouillante, et plongez-y quatre bandes de pâte. Faites-les cuire 1 minute, sortez-les à l'aide d'une écumoire dès qu'elles sont molto al dente, puis trempez-les dans l'eau glacée. Remuez-les, afin d'en ôter l'excès d'amidon, puis déposez-les côte à côte sur un torchon sec. Essuyez-les délicatement. Renouvelez l'opération jusqu'à ce que toutes les bandes de pâte soient cuites.

5 Préchauffez le four à 200 °C.

6 Étalez un peu de béchamel dans un plat à gratin, et incorporez le reste à la sauce aux fruits de mer. Répartissez une couche de bandes de pâte dans le plat. A l'aide d'une spatule, garnissez-les d'une fine couche du mélange béchamel-sauce aux fruits de mer, puis couvrez-les d'une autre couche de bandes de pâte.

7 Alternez ainsi jusqu'à épuisement des ingrédients, en terminant par une couche de sauce.

8 Enfournez, sur la grille supérieure, et faites gratiner de 15 à 20 minutes, jusqu'à obtention d'une légère croûte dorée. Sortez le plat du four et laissez reposer 10 minutes avant de servir.

BALSAMELLA

Sauce Béchamel

INGRÉDIENTS

1/2 l de lait
40 g de beurre
2 cuillerées à soupe rases de farine
Sel et poivre du moulin

PRÉPARATION

1 Faites bouillir le lait. Otez le récipient du feu.

2 Dans une casserole, faites fondre le beurre à feu doux. Ajoutez la farine et mélangez bien à l'aide d'un fouet jusqu'à ce qu'il n'y ait plus de grumeaux. Laissez frémir 1 à 2 minutes, en remuant constamment avec le fouet et en veillant à ce que la farine ne roussisse pas.

3 Versez le lait chaud, d'abord par petites quantités, sans cesser de fouetter. Au fur et à mesure que le mélange épaissit, incorporez tout le lait. Remuez vivement pour éviter la formation de grumeaux.

4 Poursuivez la cuisson quelques secondes, sans cesser de fouetter, jusqu'à obtention d'une sauce onctueuse. La béchamel est prête lorsqu'elle nappe le fouet. Assaisonnez de sel et de poivre, puis ôtez la casserole du feu. Bien que la béchamel soit meilleure quand on la prépare juste au moment de l'utiliser, on peut cependant la faire la veille et la conserver au réfrigérateur.

LASAGNE ALLE ZUCCHINE

Lasagne aux courgettes

INGRÉDIENTS

1,3 kg de courgettes
2 cuillerées à soupe d'huile d'olive vierge
30 g de beurre
1 cuillerée à café d'ail, finement haché
1 cuillerée à soupe de persil plat, haché
1 cuillerée à café de thym frais, haché
(ou 1/2 cuillerée à café de thym séché)
1 1/2 portion de sauce Béchamel (voir recette page ci-contre)
1/2 cuillerée à café de noix muscade, râpée
90 g de parmigiano-reggiano, râpé
Pâte fraîche maison, faite avec 2 œufs (voir recette page 36)
Sel et poivre du moulin

PRÉPARATION

1 Lavez et parez les courgettes, puis coupez-les en deux dans le sens de la longueur. Posez chaque demi-courgette à plat et coupez-les en tranches de 5 millimètres d'épaisseur.

2 Dans une sauteuse, faites revenir l'ail, à feu moyen, dans l'huile et le beurre. Quand il commence à dorer, ajoutez le persil et le thym. Mélangez bien.

3 Incorporez les courgettes, et assaisonnez de sel et de poivre. Poursuivez la cuisson, en remuant de temps en temps, jusqu'à ce que les courgettes soient tendres et légèrement colorées. Otez la sauteuse du feu. A l'aide d'une écumoire, mettez les courgettes dans un récipient.

4 Préparez la sauce Béchamel. Versez-en les quatre cinquièmes dans le récipient contenant les courgettes, puis ajoutez la noix muscade et les deux tiers du fromage râpé. Mélangez.

FINITION ET CUISSON AU FOUR

1 Étalez la pâte, découpez-la en bandes et faites cuire selon les indications données dans la recette des lasagne coi gamberi e canestrelli (voir page ci-contre).

2 Préchauffez le four à 200 °C.

3 Répartissez la moitié de la béchamel nature dans un plat à gratin. Étalez une couche de bandes de pâte par-dessus. A l'aide d'une spatule, garnissez d'une fine couche de béchamel aux courgettes, que vous couvrez d'une autre couche de bandes de pâte.

4 Alternez ainsi jusqu'à épuisement des ingrédients. Sur la dernière couche de pâte, étalez le reste de béchamel nature, puis le reste de béchamel aux courgettes. Parsemez du reste de fromage râpé.

5 Enfournez, sur la grille supérieure, et faites gratiner de 15 à 20 minutes, jusqu'à obtention d'une légère croûte dorée. Sortez le plat du four et laissez reposer 10 minutes avant de servir.

LASAGNE ALLA BOLOGNESE

Lasagne à la bolognaise

INGRÉDIENTS

30 g de beurre
1 portion de sauce bolognaise, préparée à l'avance
(voir recette du ragù, page 62)
1 1/2 portion de sauce Béchamel (voir recette page ci-contre)
90 g de parmigiano-reggiano, râpé
Pâte fraîche maison, faite avec 2 œufs (voir recette page 36)
Sel

PRÉPARATION

1 Mettez la sauce bolognaise dans un récipient.

2 Préparez la sauce Béchamel.

FINITION ET CUISSON AU FOUR

1 Étalez la pâte, découpez-la en bandes et faites cuire celles-ci selon les indications données dans la recette des lasagne coi gamberi e canestrelli (voir page ci-contre).

2 Préchauffez le four à 220 °C.

3 Étalez un peu de béchamel dans un plat à gratin, et mélangez le reste à la sauce bolognaise. Disposez une couche de bandes de pâte dans le plat. Garnissez d'une fine couche du mélange béchamel-sauce bolognaise, que vous couvrez d'une autre couche de bandes de pâte.

4 Alternez ainsi les couches de pâte et de sauce, jusqu'à épuisement des ingrédients, en terminant par une couche de sauce. Parsemez de fromage râpé et de noisettes de beurre.

Vous pouvez préparer ce plat à l'avance et le conserver pendant deux jours au réfrigérateur avant la cuisson au four.

5 Enfournez, sur la grille supérieure, et faites gratiner de 15 à 20 minutes, jusqu'à obtention d'une belle croûte dorée. Sortez le plat du four et laissez reposer 10 minutes avant de servir.

FINITION ET CUISSON AU FOUR

1 Préparez la sauce Béchamel.

2 Préchauffez le four à 200 °C.

3 Étalez la pâte, découpez-la en bandes et faites cuire celles-ci selon les indications données dans la recette des cannelloni di carne (voir ci-dessous, étapes 3 à 5).

4 Répartissez une fine couche du mélange tomates-fromage sur chaque bande de pâte, en ménageant une bordure de 5 millimètres environ tout autour. Enroulez ensuite les cannelloni sur eux-mêmes.

5 Beurrez un grand plat à gratin, nappez d'un peu de sauce Béchamel et disposez les cannelloni par-dessus, en une seule couche (au besoin, utilisez deux plats à gratin). Couvrez du reste de la béchamel et parsemez de fromage râpé.

6 Enfournez, sur la grille supérieure, et faites gratiner de 15 à 20 minutes, jusqu'à obtention d'une légère croûte dorée. Laissez reposer 10 minutes avant de servir.

CANNELLONI ALLA SORRENTINA

Cannelloni farcis aux tomates, à la mozzarella et au basilic

INGRÉDIENTS

30 g de beurre

2 cuillerées à soupe d'oignon, finement haché

700 g de tomates mûres (roma), pelées, épépinées et coupées en dés de 5 mm

2 cuillerées à soupe de basilic frais, haché

125 g de mozzarella

100 g de ricotta

1/2 portion de sauce Béchamel (voir recette page 142)

4 cuillerées à soupe de parmigiano-reggiano, râpé

Pâte fraîche maison, faite avec 3 œufs (voir recette page 36)

Sel et poivre du moulin

PRÉPARATION

1 Dans une sauteuse, faites revenir l'oignon, à feu moyen, dans le beurre, jusqu'à ce qu'il soit tendre et doré.

2 Augmentez légèrement le feu. Ajoutez les tomates, puis assaisonnez de sel et de poivre. Laissez mijoter de 10 à 15 minutes, jusqu'à ce que les tomates aient réduit.

3 Incorporez le basilic, poursuivez la cuisson 2 minutes et ôtez la sauteuse du feu. Versez la sauce tomate dans un récipient.

4 Ajoutez la mozzarella et la ricotta à la sauce chaude. Mélangez à la fourchette. Rectifiez l'assaisonnement si nécessaire.

CANNELLONI DI CARNE

Cannelloni farcis à la viande

Cette délicieuse recette est une spécialité de Lombardie, en Italie du Nord. Sa réalisation est extrêmement simple mais nécessite un minimum de temps. Mieux vaut utiliser des bandes de pâte maison, garnies de farce et roulées sur elles-mêmes, que des cannelloni du commerce.

INGRÉDIENTS

60 g de beurre

3 cuillerées à soupe d'oignon, finement haché

350 g de bœuf maigre, haché

250 g de tomates pelées en boîte, grossièrement hachées, avec leur jus

100 g de mortadelle, finement hachée

1 jaune d'œuf

1 pincée de noix muscade

275 g de ricotta

150 g de parmigiano-reggiano, râpé

Sauce Béchamel (voir recette page 142)

Pâte fraîche maison, faite avec 2 œufs (voir recette page 36)

Sel et poivre du moulin

PRÉPARATION

1 Utilisez deux sauteuses. Dans chaque sauteuse, faites revenir la moitié de l'oignon, à feu moyen, dans 30 grammes de beurre, jusqu'à ce qu'il soit bien doré.

2 Répartissez le bœuf dans chaque sauteuse, à l'aide d'une cuillère en bois, et laissez cuire quelques minutes. Assaisonnez de sel et de poivre.

3 Préparez la sauce à la viande : ajoutez les tomates dans une sauteuse, baissez le feu et faites mijoter de 35 à 45 minutes, jusqu'à ce que les tomates aient réduit.

4 Lorsque la viande qui se trouve dans l'autre sauteuse est cuite, éteignez le feu, puis mettez-la dans un récipient, à l'aide d'une écumoire. Laissez bien refroidir.

5 Préparez la farce : incorporez la mortadelle, le jaune d'œuf, la noix muscade, la ricotta et 125 grammes du fromage râpé à la viande. Mélangez à la fourchette.

Vous pouvez préparer la sauce Béchamel et la farce la veille et les conserver au réfrigérateur jusqu'au moment de l'utilisation.

FINITION ET CUISSON AU FOUR

1 Préparez la béchamel, en réduisant légèrement le temps de cuisson pour obtenir une sauce moins épaisse.

2 Préchauffez le four à 200 °C.

3 Dans une grande marmite, portez à ébullition 4 litres d'eau. Placez un grand récipient contenant de l'eau glacée additionnée de 1 pincée de sel à proximité du plan de travail, ainsi que plusieurs torchons secs.

4 Étalez la pâte aussi finement que possible, au rouleau, puis découpez-la en rectangles de 7,5 x 10 centimètres.

5 Mettez 1 cuillerée à soupe de sel dans l'eau bouillante, et plongez-y quelques rectangles de pâte de façon qu'ils ne se touchent pas. Faites-les cuire 30 secondes environ, sortez-les à l'aide d'une écumoire dès qu'ils sont molto al dente, puis trempez-les dans l'eau glacée. Lorsque tous les rectangles de pâte sont cuits, remuez-les quelques secondes dans l'eau, puis déposez-les, côte à côte, sur les torchons. Essuyez-les délicatement.

6 Ajoutez 6 cuillerées à soupe de béchamel à la farce et mélangez bien, pour obtenir une préparation homogène. Garnissez chaque rectangle de pâte d'une fine couche de farce, en laissant une bordure de 5 millimètres environ tout autour. Roulez les cannelloni sur eux-mêmes.

7 Nappez un grand plat à gratin d'un peu de sauce Béchamel, puis disposez les cannelloni par-dessus, en une seule couche (au besoin, utilisez deux plats à gratin). Couvrez les pâtes de la sauce à la viande, et du reste de béchamel. Parsemez du reste de fromage râpé.

8 Enfournez, sur la grille supérieure, et faites gratiner de 15 à 20 minutes, jusqu'à obtention d'une légère croûte dorée. Sortez le plat du four et laissez reposer 10 minutes avant de servir.

PIZZA DI MACCHERONI

« Pizza » de maccheroni aux tomates, au basilic et au parmigiano-reggiano

Ce plat original est une savoureuse spécialité du restaurant Principe, à Pompéi. Il se consomme froid ou tiède.

INGRÉDIENTS

Pour 400 g de maccheroni

4 cuillerées à soupe d'huile d'olive vierge
1 cuillerée à café d'ail, finement haché
1 cuillerée à soupe de basilic, haché
700 g de tomates mûres (roma), pelées, épépinées et hachées en petits morceaux
60 g de parmigiano-reggiano, râpé
2 œufs
30 g de beurre
Sel et poivre du moulin

PRÉPARATION

1 Dans une grande marmite, portez à ébullition 4 litres d'eau.

2 Dans une sauteuse, faites revenir l'ail, à feu moyen, dans l'huile, jusqu'à ce qu'il commence à se colorer.

3 Ajoutez les tomates et laissez mijoter de 10 à 15 minutes, jusqu'à ce qu'elles aient réduit. Assaisonnez de sel et de poivre, incorporez le basilic et ôtez la sauteuse du feu. Versez la sauce dans un grand récipient.

4 Mettez 1 cuillerée à soupe de sel dans l'eau bouillante, et plongez-y les pâtes en une seule fois. Remuez bien.

5 Lorsque les pâtes sont molto al dente, environ 1 minute avant le stade al dente, égouttez-les et mélangez-les à la sauce tomate, en ajoutant le fromage râpé. Laissez refroidir.

6 Battez les œufs en omelette et incorporez-les aux pâtes.

7 Dans une grande poêle antiadhésive, faites fondre le beurre, à feu moyen. Quand il est bien chaud, versez-y les pâtes, en tassant bien avec le dos d'une cuillère pour obtenir un mélange compact. Faites cuire jusqu'à ce qu'une croûte dorée se forme au-dessous.

8 Otez la poêle du feu. Posez un grand plat de service, à l'envers, par-dessus, puis retournez le tout, en secouant éventuellement pour décoller la « pizza ».

Bon aussi avec : *penne, elicoidali*

RIGATONI AL FORNO AI FUNGHI

Rigatoni aux champignons au four

INGRÉDIENTS

Pour 400 g de rigatoni

30 g de cèpes séchés
60 g de beurre
2 cuillerées à soupe d'huile végétale
6 cuillerées à soupe d'oignon, finement haché
125 g de tomates pelées en boîte, grossièrement hachées,
avec leur jus
500 g de champignons de Paris frais, finement émincés
2 cuillerées à soupe de persil plat, haché
Sauce Béchamel (voir recette page 142)
6 cuillerées à soupe de parmigiano-reggiano, râpé
Sel et poivre du moulin

PRÉPARATION

1 Faites tremper les cèpes séchés pendant au moins 20 minutes dans 25 centilitres d'eau tiède. Rincez-les sous un filet d'eau froide, puis comprimez-les entre vos mains pour en extraire tout le liquide. Hachez-les grossièrement. Filtrez l'eau de trempage et réservez.

2 Dans une sauteuse, faites revenir l'oignon, à feu moyen, dans l'huile et 45 grammes de beurre, jusqu'à ce qu'il soit tendre et doré. Ajoutez les tomates, puis les cèpes et l'eau de trempage. Laissez cuire, en remuant de temps en temps, jusqu'à ce que tout le liquide se soit évaporé.

3 Augmentez légèrement le feu. Incorporez les champignons frais et le persil, puis assaisonnez de sel et de poivre. Poursuivez la cuisson jusqu'à ce que l'eau relâchée par les champignons se soit évaporée. Otez la sauteuse du feu et versez le mélange dans un grand récipient.

4 Préparez la sauce Béchamel. Incorporez-la aux champignons et mélangez bien.

5 Préchauffez le four à 200 °C.

6 Dans une grande marmite, portez à ébullition 4 litres d'eau. Ajoutez 1 cuillerée à soupe de sel, et plongez-y les pâtes en une seule fois. Remuez bien.

7 Lorsque les pâtes sont molto al dente, 1 minute environ avant le stade al dente, égouttez-les et mélangez-les à la sauce aux champignons, en ajoutant 4 cuillerées à soupe de fromage râpé. Mettez-les alors dans un grand plat à gratin beurré, parsemez du reste de fromage râpé et de quelques noisettes de beurre.

8 Enfournez, sur la grille supérieure, et faites gratiner de 15 à 20 minutes, jusqu'à obtention d'une légère croûte dorée. Sortez le plat du four et laissez reposer 10 minutes avant de servir.

MACCHERONI AL FORNO ALLA RUSTICA

Maccheroni aux tomates et à la mozzarella

INGRÉDIENTS

Pour 400 g de maccheroni

1/4 l d'huile végétale
1 grosse aubergine, pelée et coupée en tranches
de 5 mm d'épaisseur
60 g de beurre
125 g d'oignon, finement émincé
350 g de tomates pelées en boîte, grossièrement hachées,
avec leur jus
4 cuillerées à soupe de parmigiano-reggiano, râpé
125 g de mozzarella fumée ou de mozzarella fraîche,
coupée en tranches très fines
Sel et poivre du moulin

PRÉPARATION

1 Dans une sauteuse, versez une couche d'huile de 1 centimètre d'épaisseur environ et faites chauffer à feu vif. Quand l'huile est très chaude, plongez-y délicatement quelques tranches d'aubergine, et faites-les dorer des deux côtés, en retournant à mi-cuisson. Sortez-les à l'aide d'une écumoire et déposez-les sur du papier absorbant. Renouvelez l'opération jusqu'à ce que toutes les tranches d'aubergine soient frites. Saupoudrez de sel.

2 Dans une grande marmite, portez à ébullition 4 litres d'eau.

3 Dans une autre sauteuse, faites revenir l'oignon, à feu moyen, dans le beurre, jusqu'à ce qu'il soit tendre et doré.

4 Incorporez les tomates, assaisonnez de sel et de poivre, et laissez mijoter jusqu'à ce qu'elles aient réduit. Otez la sauteuse du feu.

5 Préchauffez le four à 200 °C.

6 Mettez 1 cuillerée à soupe de sel dans l'eau bouillante, et plongez-y les pâtes en une seule fois. Remuez bien.

7 Lorsque les pâtes sont molto al dente, 1 minute environ avant le stade al dente, égouttez-les et mélangez-les à la sauce tomate, en ajoutant le fromage râpé.

8 Répartissez uniformément la moitié des pâtes dans un grand plat à gratin généreusement beurré. Couvrez-les des tranches d'aubergine frites et de la moitié des tranches de mozzarella. Étalez le reste des pâtes par-dessus, puis disposez le reste des tranches de mozzarella.

9 Enfournez, sur la grille supérieure, et faites gratiner de 15 à 20 minutes, jusqu'à obtention d'une légère croûte dorée. Sortez le plat du four et laissez reposer 10 minutes avant de servir.

**Maccheroni al forno
alla rustica**

TORTA RICCIOLINA

Tourte aux cheveux d'ange et aux amandes

C'est une excellente boulangère de Bologne qui a confié cette recette à ma mère. La tourte doit donner l'illusion d'être une timbale de nouilles à la bolognaise – le hachis d'amandes coloré de cacao évoquant la viande –, bien qu'il s'agisse d'un délicieux dessert, moelleux et parfumé à souhait. La recette originale comporte du citron confit, que j'ai préféré remplacer par de l'orange confite maison.

INGRÉDIENTS

POUR L'ORANGE CONFITE

1 orange non pelée, coupée en tranches fines à l'horizontale, pépins ôtés

150 g de sucre cristallisé

4 cuillerées à soupe d'eau

POUR LA PÂTE À TOURTE

175 g de farine ordinaire

6 cuillerées à soupe rases de sucre glace

2 jaunes d'œufs

90 g de beurre ramolli, coupé en dés

Sel

POUR LA GARNITURE

200 g d'amandes mondées

150 g de sucre cristallisé

1 cuillerée à café de cacao en poudre non sucré

1/2 cuillerée à café de zeste de citron

Pâte fraîche maison, faite avec 2 œufs

(voir recette page 36)

125 g de beurre

4 cuillerées à soupe de rhum

PRÉPARATION

ORANGE CONFITE

1 Mettez les tranches d'orange, avec la moitié du sucre cristallisé et l'eau, dans une sauteuse suffisamment grande pour les contenir sans qu'elles se chevauchent. Faites cuire, à feu moyen, de 15 à 20 minutes, en ajoutant éventuellement un peu d'eau, jusqu'à ce qu'elles deviennent tendres et brillantes.

2 Laissez mijoter encore un peu, de façon que les tranches d'orange s'imprègnent bien du sirop dans lequel elles cuisent. Otez la sauteuse du feu.

3 Saupoudrez de sucre une assiette assez grande pour que les tranches puissent y tenir côte à côte (au besoin, utilisez deux assiettes). Posez les tranches d'orange sur le sucre et saupoudrez-les d'un peu de sucre. Laissez-les refroidir complètement.

 Vous pouvez préparer les tranches d'orange confite plusieurs jours à l'avance et les conserver au réfrigérateur.

PÂTE À TOURTE

1 Mélangez la farine, le sucre glace et 1 pincée de sel sur le plan de travail. Faites un puits au centre.

2 Ajoutez les jaunes d'œufs et le beurre, puis mélangez avec la farine. Pétrissez jusqu'à obtention d'une boule de pâte lisse. Enveloppez la pâte dans un film de plastique et laissez reposer 1 heure au réfrigérateur.

CUISSON AU FOUR

1 Mettez les amandes, les tranches d'orange confite et le sucre cristallisé dans un mixeur électrique et hachez à vitesse moyenne. Versez la préparation dans un récipient. Ajoutez le cacao et le zeste de citron, puis mélangez bien.

2 Préchauffez le four à 200 °C.

3 Beurrez légèrement une tourtière ou un moule à manqué de 20 centimètres de diamètre et saupoudrez d'un peu de farine. Retournez le moule et tapotez-le sur le plan de travail pour ôter l'excès de farine.

4 Étalez la pâte à tourte en un disque de 5 millimètres d'épaisseur. Soulevez-la à l'aide du rouleau à pâtisserie et déposez-la dans le moule. Égalisez la bordure. Si la pâte se brise, soudez-la avec les doigts.

5 Étalez la pâte à cheveux d'ange aussi finement que possible. Dès qu'elle est assez sèche, enroulez-la sur elle-même et découpez-la en nouilles, le plus finement possible, en suivant les instructions de la page 40. Aérez les cheveux d'ange du bout des doigts pour les empêcher de coller, et passez rapidement à l'étape suivante, afin qu'ils n'aient pas le temps de se dessécher.

6 Mettez un tiers des cheveux d'ange dans le moule. Réservez 6 cuillerées à soupe du mélange amandes-orange confite, et répandez la moitié du reste sur les nouilles. Parsemez d'un tiers du beurre, coupé en dés. Ajoutez un autre tiers de cheveux d'ange, couvrez de l'autre moitié du mélange aux amandes et parsemez d'un tiers de noisettes de beurre. Renouvelez l'opération avec le reste de nouilles, le mélange amandes-orange confite réservé et le reste du beurre.

7 Enfournez, sur la grille supérieure. Au bout de 15 minutes, sortez la tourte et couvrez-la d'une feuille d'aluminium ou de papier sulfurisé. Remettez la tourte dans le four et laissez-la cuire encore 25 minutes.

8 Sortez la tourte du four. Otez le papier d'aluminium ou sulfurisé et arrosez aussitôt avec le rhum. Laissez refroidir complètement avant de servir. Vous pouvez conserver cette tourte au réfrigérateur pendant dix jours.

PRÉPARER LES LÉGUMES

Voici quelques conseils utiles pour peler les légumes, les hacher ou les couper en dés. Utilisez un couteau de cuisine bien affûté, car une lame mal aiguisée demande plus de force, et se contrôle donc moins facilement. Veillez, bien entendu, à protéger vos doigts.

PELER UN POIVRON

1 Coupez le poivron en deux dans le sens de la longueur. D'un mouvement circulaire, ôtez la queue et la grappe de pépins. Tapotez les moitiés de poivron sur le plan de travail pour déloger les derniers pépins.

2 Entaillez légèrement les bords de chaque demi-poivron, cela vous permettra d'ôter plus facilement les membranes blanchâtres, et d'obtenir ainsi une surface parfaitement lisse.

3 Pelez chaque moitié de poivron avec un couteau économe à lame pivotante. Commencez par la partie la plus large, côté queue, puis descendez vers la pointe du poivron.

COUPER UNE COURGETTE

 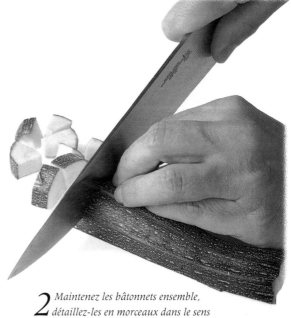

1 Coupez les extrémités de la courgette, fendez-la en deux dans le sens de la longueur. Posez chaque moitié à plat, puis divisez-la en longs bâtonnets.

2 Maintenez les bâtonnets ensemble, détaillez-les en morceaux dans le sens de la largeur. La lame du couteau doit reposer à plat contre vos doigts repliés.

FAIRE DES DÉS DE CAROTTE

1 Posez la carotte pelée bien à plat sur le plan de travail, coupez-la en trois ou quatre dans le sens de la longueur, selon sa grosseur.

2 Maintenez deux tranches de carotte l'une sur l'autre, coupez-les en longs bâtonnets, en faisant glisser la lame du couteau contre vos phalanges.

3 Regroupez les bâtonnets, coupez-les en dés dans le sens de la largeur, en déplaçant progressivement vos doigts et la lame du couteau.

PRÉPARER UNE TOMATE

1 Pelez la tomate à l'aide d'un couteau économe à lame pivotante. Commencez côté pédoncule, et continuez en descendant vers vous.

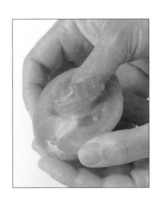

2 Coupez la tomate en deux, ôtez-en les pépins avec l'ongle du pouce. Hachez grossièrement la chair.

HACHER UN OIGNON

1 Coupez l'oignon épluché en deux, dans le sens de la longueur. Posez chaque moitié à plat, fendez-la de plusieurs incisions parallèles, sauf la base.

2 Hachez l'oignon dans le sens de la largeur, aussi finement que nécessaire, en remontant jusqu'à la base.

QUELQUES CONSEILS

• *Une branche de céleri peut être coupée en dés de la même façon qu'une carotte. Commencez par débarrasser le céleri de ses fibres extérieures, puis maintenez-le à plat sur le plan de travail et détaillez-le d'abord en bâtonnets, puis en dés.*

• *Pour couper un champignon en dés, séparez le chapeau du pied. Posez le chapeau à plat sur le plan de travail, fendez-le de deux ou trois incisions parallèles. Déplacez-le d'un quart de tour, et pratiquez deux ou trois incisions perpendiculaires aux précédentes. Coupez le pied en morceaux de la même grosseur.*

PRÉCIEUSES RÉSERVES

Les produits décrits ci-dessous et pages suivantes occupent une place de choix dans la cuisine de tout amateur de pâtes. En avoir une réserve évite d'être pris de court si l'on doit préparer un repas en toute hâte, ou même improviser un vrai festin. Conservez-les dans leur emballage d'origine, et, si nécessaire, mettez-les au réfrigérateur une fois que cet emballage aura été ouvert.

SAUCES EXPRESS

Aglio e olio (page 48)

Burro e pomodoro (page 52)

Pomodoro e basilico (page 54)

Arrabbiata (page 56)

Puttanesca (page 58)

Puttanesca bianca (page 89)

DANS LE PLACARD

Ces ingrédients se conservent longtemps. De toute façon, on les utilise si souvent dans la cuisine italienne qu'ils n'ont pas le temps de se gâter. Rangez-les à côté d'une sélection de vos pâtes favorites.

FARINE « 00 »

C'est la farine qu'on utilise à Bologne pour faire les pâtes. Elle est exportée un peu partout, et mérite d'être recherchée. A défaut, de la farine de blé ordinaire donne également de bons résultats.

CÈPES SÉCHÉS

Les cèpes frais sont onéreux et parfois difficiles à trouver. On peut les remplacer par des cèpes séchés, à l'arôme prononcé. Ils se conservent sans problème, soit dans leur emballage d'origine, soit enveloppés d'un film alimentaire. Achetez-les en gros morceaux, et méfiez-vous des sachets bon marché qui ne contiennent que des pieds de champignons.

AIL

Achetez-le frais, ferme au toucher. Des têtes ou une belle « tresse » d'ail entreposées dans un endroit sec se conserveront très longtemps.

Câpres au vinaigre

Câpres en saumure

CÂPRES

On les confit dans le vinaigre ou dans de la saumure. A conserver au réfrigérateur après ouverture du bocal.

ANCHOIS

Choisissez des filets d'anchois allongés, conservés à l'huile d'olive, en boîte ou en bocal. A mettre au réfrigérateur une fois le contenant ouvert.

NOIX MUSCADE

Achetez les noix entières, et râpez-les au fur et à mesure de vos besoins. Leur saveur étant très prononcée, n'en usez qu'avec parcimonie.

BAIES DE GENIÈVRE

La saveur poivrée des baies de genièvre agrémente à merveille les marinades, le gibier ainsi que le porc.

PIMENT SÉCHÉ

On ne s'en sert pas seulement pour concocter des plats très épicés, mais parfois, en petites pincées, pour relever certaines préparations culinaires.

Thym

Romarin

Marjolaine

Sauge

Origan

SAFRAN
Il est généralement vendu en poudre, mais on le trouve aussi sous forme de très fins stigmates orangés, qui ont un arôme plus . prononcé.

HERBES SÉCHÉES
Quand vous ne trouvez pas d'herbes fraîches, utilisez des herbes séchées – mais jamais en poudre. Celles-ci sont vraiment indispensables.

PURÉE DE TOMATES
Mieux vaut utiliser du double concentré, mais avec parcimonie. A acheter en tube de préférence ; c'est l'emballage idéal, car on peut le refermer facilement.

TOMATES EN BOÎTE
Les meilleures tomates « roma » sont cultivées à San Marzano. Utilisez toujours des tomates pelées entières. Elles doivent être de texture assez ferme et de saveur douce, à peine salée.

TOMATES SÉCHÉES
Elles se vendent sèches, ou conservées dans l'huile. Si vous achetez des tomates sèches, faites-les tremper une nuit dans l'eau, pressez-les pour en extraire l'excès de liquide et conservez-les dans de l'huile d'olive.

VINAIGRE BALSAMIQUE
L'authentique vinaigre balsamique a au moins 50 ans d'âge et est très coûteux. Mais on trouve aussi sous ce nom un excellent vinaigre à l'arôme puissant, ni trop acide ni trop doux, qui convient parfaitement à l'usage courant.

OLIVES
L'Italie, la Grèce et le midi de la France produisent d'excellentes olives noires. Les olives vertes doivent être grosses et bien charnues. Évitez les olives dénoyautées en boîte, qui ont peu de goût.

HUILE D'OLIVE
Il existe plusieurs variétés d'huile d'olive. La meilleure est sans conteste l'huile d'olive vierge extra, qui provient d'une première pression des fruits à froid. La qualité des ingrédients compte beaucoup en cuisine italienne, mais c'est très probablement l'huile d'olive qui contribue le plus à la réussite d'un plat.

ARTICLES DE BASE

Sel

Poivre

Oignons

Chapelure

Vin blanc

DANS LE RÉFRIGÉRATEUR

Cet indispensable appareil ménager permet d'avoir toujours à portée de main les ingrédients nécessaires à la préparation de toute une variété de délicieuses sauces. Achetez de préférence les fromages et la charcuterie dans une bonne boutique de produits italiens, et les herbes fraîches sur le marché.

BASILIC
Conservez-le comme le persil. Attendez le dernier moment pour le hacher, car les feuilles coupées s'oxydent et noircissent.

PERSIL
Le persil plat se conserve au réfrigérateur, dans un récipient rempli d'eau. Détachez les feuilles de leur tige, lavez-les et égouttez-les bien avant de les hacher.

ARTICLES DE BASE
Lait
Crème fraîche
Beurre
Œufs
Carottes
Céleri
Poivrons

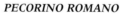

PARMIGIANO-REGGIANO
Le parmigiano-reggiano est un fromage d'une texture et d'une saveur incomparables, qui est fabriqué selon le même procédé depuis plus de sept cents ans. Si vous en achetez un gros morceau, divisez-le en petites portions que vous envelopperez séparément dans un film alimentaire, puis dans du papier d'aluminium. Ainsi protégées, elles se conserveront au réfrigérateur pendant plusieurs mois.

PECORINO ROMANO
C'est un fromage de lait de brebis, affiné pendant un an et qu'on utilise sec et râpé – en plus petites quantités que le parmigiano-reggiano, car il a un goût plus piquant. Protégé comme le parmigiano, il se conservera également pendant des mois.

RICOTTA
De texture délicate et crémeuse, la ricotta s'obtient à partir de petit-lait (un résidu de la fabrication d'autres fromages). La meilleure est importée d'Italie. Si vous avez du mal à en trouver, mélangez un peu de crème fraîche à un bon fromage blanc.

TOMATES ROMA
Elles doivent être bien mûres, d'un beau rouge, et fermes au toucher. On en trouve toute l'année, mais les meilleures se cueillent en été.

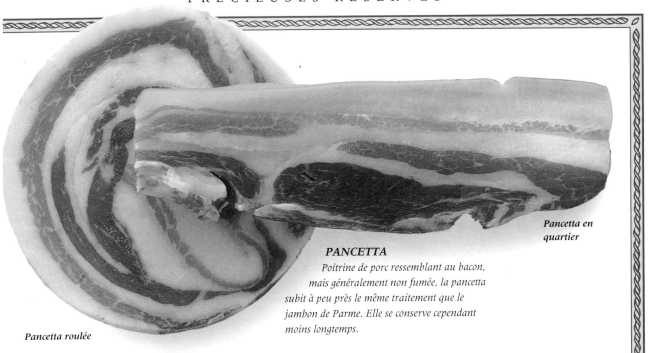

PANCETTA

Poitrine de porc ressemblant au bacon, mais généralement non fumée, la pancetta subit à peu près le même traitement que le jambon de Parme. Elle se conserve cependant moins longtemps.

Pancetta en quartier

Pancetta roulée

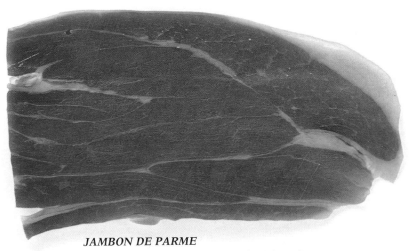

JAMBON DE PARME

Le célèbre prosciutto italien est d'abord traité au sel, puis il séjourne pendant au moins six mois dans des entrepôts spécialement aérés. Si vous jugez le jambon de Parme trop onéreux, remplacez-le par un bon jambon cru, pas trop salé.

SAUCES POUVANT ÊTRE RÉFRIGÉRÉES

Arrabbiata
(page 56)

Amatriciana
(page 84)

Boscaiola
(page 110)

Pollo
(page 112)

Salmone
(page 121)

Peperonata
(page 124)

DANS LE CONGÉLATEUR

Il est toujours utile d'avoir une réserve d'épinards surgelés, moins longs à préparer quand on veut faire des pâtes vertes maison ou une farce à la ricotta. Mais rien ne vaut les jeunes feuilles d'épinards frais dans les sauces aux légumes.

A la saison du basilic, préparez une bonne portion de pesto et congelez-la (le basilic frais supporte mal la congélation autrement). Vous pouvez aussi congeler de la chair à saucisse que vous aurez apprêtée à l'italienne (salciccia di maiale, page 116).

Le ragù et la sauce burro e pomodoro se congèlent fort bien. Le bouillon de viande également (brodo di carne, page 130). Préparez-en donc un peu plus et mettez l'excédent au congélateur.

SAUCES POUVANT ÊTRE CONGELÉES

Pesto di basilico
(page 50)

Burro e pomodoro
(page 52)

Ragù
(page 62)

Pomodoro
(page 88)

CONSEILS

AL DENTE, MOLTO AL DENTE

Ces termes, très importants dans la cuisine des pâtes, se traduisent littéralement par « à la dent » et « très à la dent ». Aucun cordon-bleu italien ne fera jamais cuire les pâtes jusqu'à ce qu'elles deviennent molles ; on doit les déguster lorsqu'elles sont encore légèrement fermes sous la dent. L'étape « molto al dente » survient de 30 à 90 secondes avant l'étape « al dente » (selon les pâtes). Certaines recettes exigent que les pâtes soient égouttées quand elles sont molto al dente, car elles termineront leur cuisson au four ou dans la sauteuse, avec leur sauce.

LES HUILES

Dans certaines recettes, on utilise de l'huile végétale plutôt que de l'huile d'olive. On doit se servir de l'huile d'olive chaque fois qu'elle contribue à la saveur d'un plat ; mais lorsque la seule fonction de l'huile est d'empêcher les ingrédients de brûler, mieux vaut utiliser de l'huile végétale. Une huile d'olive vierge extra ne mérite pas d'être gaspillée.

LE PARMESAN

C'est le nom donné à un type de fromage italien sec et granuleux, dont la version originale et le meilleur exemple demeure le parmigiano-reggiano. La production du véritable parmigiano-reggiano est limitée par la loi à une région peu étendue d'Émilie-Romagne, qui doit à son environnement un lait de saveur particulière. La méthode de fabrication est également régie par la loi. Chaque meule de fromage vieillit au moins dix-huit mois avant d'être mise en vente, et ne reçoit son appellation

contrôlée qu'au terme d'une très rigoureuse inspection. Achetez de préférence du parmesan à la coupe, en vérifiant que la meule est bien estampillée. Évitez le parmesan râpé en sachets, qui ne ressemble en rien à du vrai parmesan.

LE SEL

Bien que les quantités ne soient pas précisées dans les recettes, le sel ne doit pas être considéré comme un ingrédient facultatif. Subtilement dosé, il joue au contraire un rôle essentiel en cuisine, en rehaussant les saveurs. Vous pouvez tester ses propriétés en prenant deux verres de vin et en mettant une pincée de sel dans l'un d'entre eux. Sentez le vin ensuite, et vous remarquerez qu'il dégage un arôme plus dense et beaucoup plus riche que celui qui n'est pas salé.

LA MARMITE

La marmite doit être suffisamment grande pour contenir toute l'eau nécessaire à la cuisson des pâtes (voir page 45), qui ne doivent pas s'agglomérer ou attacher au fond du récipient pendant l'ébullition. Il n'est pas indispensable d'ajouter de l'huile d'olive, à moins qu'il ne s'agisse de pâtes farcies.

LES CUILLERÉES

Beaucoup d'ingrédients entrant dans les recettes de cet ouvrage sont mesurés en cuillerées à soupe ou à café. La cuillère à soupe standard contient environ 15 millilitres. La cuillère à café contient 5 millilitres.

TEMPS DE PRÉPARATION

Si vous avez quelque doute sur la

durée de cuisson d'une sauce, faites-la avant de mettre les pâtes à bouillir. Les pâtes cuisent vite, et une sauce peut toujours mijoter en attendant, ou être réchauffée au dernier moment. Versez la sauce sur les pâtes dès qu'elles sont égouttées.

POIDS ET MESURES

Les poids et mesures des ingrédients figurant dans les recettes ont été arrondis chaque fois que c'était possible, afin de vous faciliter la tâche. Toutefois, quand plus de précision s'impose, certaines quantités d'ingrédients, le persil ou l'oignon haché, par exemple, sont mesurées en cuillerées à soupe ou à café.

TEMPÉRATURES DU FOUR		
Degrés	Therm.	Four
110 °C	1/4	doux
120 °C	1/2	doux
140 °C	1	doux
150 °C	2	doux
160 °C	3	doux
180 °C	4	moyen
190 °C	5	moyen
200 °C	6	moyen
220 °C	7	chaud
230 °C	8	chaud
250 °C	9	chaud
260 °C	10	très chaud

INDEX

INDEX

P·Q

paglia e fieno **17**
palourdes
linguine aux palourdes
et aux courgettes 80
spaghetti aux fruits de mer
78-79
spaghetti aux palourdes **68-69**
pancetta **155**
lumache aux artichauts,
à la pancetta et au thym
126-127
orecchiette au chou-fleur
et à la pancetta 120
spaghetti à la pancetta
et aux œufs **66-67**
pansoti **28, 43**
au pesto de noix 96
pappardelle **16**
au lapin (*al coniglio*) **100**, 103
aux foies de volaille (*coi fegatini
di pollo*) **17**, 102
aux pigeonneaux 102
découpage **41**
parmesan **113**, 156
parmigiano-reggiano **154**
pastina **26**
soupe aux stelline 131
patate douce
carrés de pâtes farcis à la
patate douce 138, **140-141**
pâtes
à la farine et à l'eau 10
à potage **26-27**
aux haricots blancs et aux
tomates 114
aux œufs 10
carrés de pâtes farcis à la
patate douce 138
colorées **30-31, 37**
commerciales 10-11
conservation 11
cuisson **44-45**
découpage **40-41**
équipement **34-35**
étaler la pâte **38-39**
farcies **28-29**
formes spéciales **22-25**
longues **14-15**
machine à pâtes **35, 39, 41**
préparer la pâte **36-37**
rubans **16-17**
servir **45**
tubes **18-21**
pecorino ramano **154**
penne **18**
à la sauce tomate épicée
(*all'arrabbiata*) **19, 56-57**
au chou-fleur, aux tomates
et à la crème **108**
au jambon de Parme, aux
tomates séchées à l'huile
et à la crème 117
aux quatre fromages 113
salade de fusilli et de penne
129
aux légumes-feuilles
et à la saucisse 116
pennoni **18**

perciatelli **15**
persil **154**
tortelloni farcis à la ricotta
et au persil 136
pesto
à la génoise **50-51**
de noix 96
petits pois
fettuccine jaunes et vertes aux
petits pois, au jambon de
Parme et à la crème 99, **101**
tagliolini au jambon de
Parme 90
pigeon
pappardelle aux pigeonneaux
102
piment séché **152**
pizza de maccheroni aux tomates,
au basilic et au parmigiano-
reggiano 145
pizzoccheri **16**
à la fontina et aux blettes **97**
poids et mesures 156
poireaux
fusilli longs à l'endive, aux
poireaux et au poivron
rouge grillé 88
spaghetti aux poireaux, aux
échalotes et aux oignons
rouges 75
pois chiches
soupe aux pâtes et aux pois
chiches 130
tagliatelle aux pois chiches
et aux tomates 98
poisson
raviolini aux fruits de mer à la
sauce aux crevettes 136, **137**
spaghetti au flétan mariné 80
voir également *saumon, thon*
poivron
denti d'elefante aux poivrons
et aux blettes **109**
farfalle au saumon fumé et aux
poivrons rouges grillés 121
fettuccine aux légumes et à la
purée de poivrons rouges 92
fusilli aux aubergines, aux
courgettes et au poivron
122-123
fusilli longs à l'endive, aux
poireaux et au poivron
rouge grillé 88
fusilli longs aux poivrons,
aux tomates, aux oignons
et aux olives vertes **76-77**
préparation **150**
ruote di carro aux oignons
et aux poivrons **124**
salade de fusilli et de penne
129
spaghetti au thon frais et aux
poivrons grillés (*al tonno
fresco*) 81, **83**
spaghetti aux crevettes
et aux poivrons grillés 74
strozzapreti aux cèpes
et aux poivrons 128
poulet
elicoidali et poulet braisé
aux tomates 112

papardelle aux foies de volaille
(*coi fegatini di pollo*) **17**, 102
quadrucci **26**
découpage **40**

R

radiatori **23**
rapini
penne aux légumes-feuilles et
à la saucisse 116
raviolini **28**
aux fruits de mer à la sauce
aux crevettes (*di pesce al sugo
di gamberi*) 136-**137**
farcir **43**
riccioli **23**
ricota **154**
rigatoni **21**
au ragù d'agneau (*al ragù di
agnello*) **21**, 114-**115**
aux champignons au four 146
risoni **26**
roquette
tonnarelli au crabe
et à la roquette 107
rotelle **25**
rouleau farci aux épinards
(*rotolo di pasta*) 139, **141**
ruote di carro **25**
aux oignons et aux poivrons
(*con peperonata*) **25, 124**

S

safran **153**
pâtes colorées au safran **30**
salade
de fusilli et de penne 129
de spaghetti aux crevettes
et aux coquilles Saint-
Jacques 85
sauce
au beurre et à la tomate **52-53**
Béchamel 142
bolognaise **62-63**
tomate au basilic
et à l'ail **54-55**
tomate aux câpres, aux olives
et aux anchois
58-59
tomate épicée **56-57**
tomate rose 138
saucisse
conchiglie aux saucisses, aux
tomates et à la crème (*alla
salsiccia e panna*) **23, 125**
de porc maison 116
maccheroni à la saucisse, aux
tomates et à la ricotta (*alla
salsiccia e ricotta*) **21**, 117, **119**
penne aux légumes-feuilles
et à la saucisse 116
saumon
farfalle au saumon frais
(*al salmone*) **23**, 118, 121
farfalle au saumon fumé et aux
poivrons rouges grillés 121
seiche
pâtes colorées à l'encre
de seiche **31**

sel 156
semi di melone **26**
soupe
aux pâtes et aux haricots
(*pasta e fagioli*) **27**, 131
aux pâtes et aux pois
chiches 130
aux stelline (*minestrina dei
bambini*) **27**, 131
bouillon de viande maison
130
pâtes à potage **26-27**
romaine aux pâtes et aux
légumes (*minestra di pasta
e verdure alla romana*)
27, 132-133
spaghetti **14**
à la pancetta et aux œufs (*alla
carbonara*) **15, 66-67**
au flétan mariné 80
au thon frais et aux poivrons
grillés (*al tonno fresco*) 81, **83**
aux câpres, aux olives
et aux anchois 89
aux crevettes et aux poivrons
grillés 74
aux fruits de mer (*ai frutti di
mare*) **78-79**
aux moules (*alle cozze*) 81, **82**
aux palourdes (*alle vongole*)
68-69
aux poireaux, aux échalotes
et aux oignons rouges 75
aux tomates, aux câpres, aux
olives et aux anchois (*alla
putanesca*) **58-59**
aux tomates, aux carottes
et au céleri 88
aux tomates, àux herbes
et à la mozzarella (*alla
checca*) **86-87**
aux tomates et au cognac 89
salade de spaghetti aux
crevettes et aux coquilles
Saint-Jacques 85
spaghettini **14**
à l'ail et à l'huile d'olive (*aglio
e olio*) **48-49**
à l'ail et aux herbes fraîches
(*alle erbe*) **15**, 72
à la tomate, au basilic
et à l'ail (*al pomodoro
e basilico*) **54-55**
aux crevettes, aux tomates
et aux câpres 73
aux crevettes et au fenouil 75
aux tomates et aux olives
noires 74
aux truffes noires 72
stelline **27**
strozzapreti **25**
aux cèpes et aux poivrons (*ai
porcini e peperoni*) **25, 128**

T·V

tagliatelle **16**
à la sauce bolognaise (*al ragù*)
62-63
aux crevettes et aux asperges
98

159

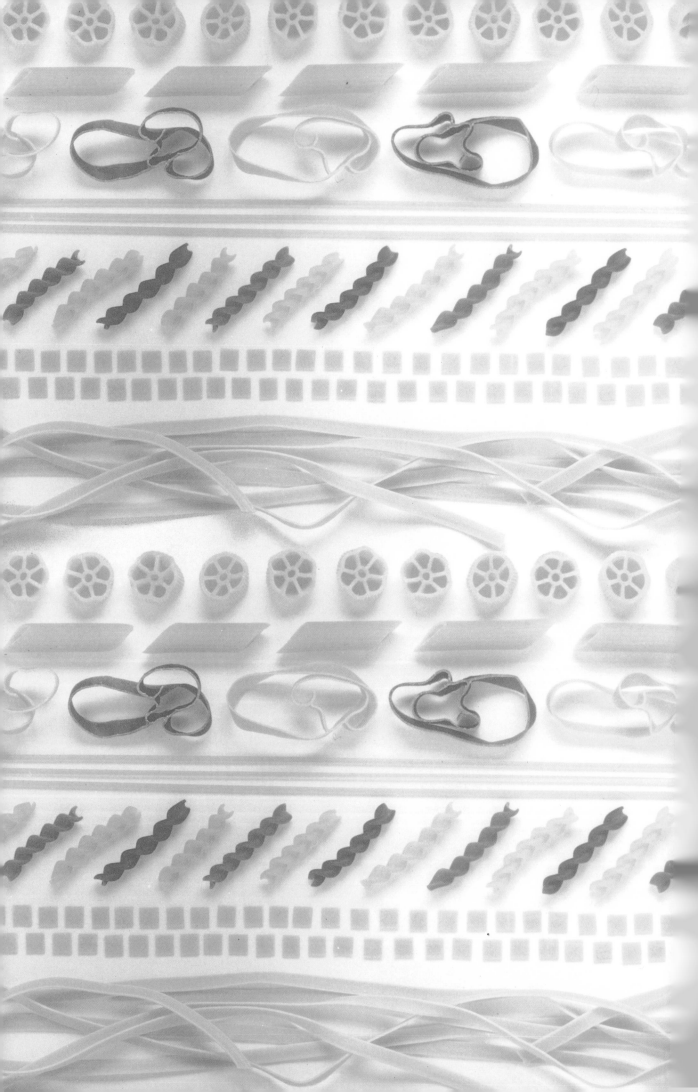